# 한권으로 끝내는
# 에듀테크
# FOR
# 클래스룸

Upgrade!

박찬, 김병석, 전은경, 전수연, 진성임,
정선재, 강윤진, 변문경 지음

**Blended learning / Flipped learning
Digital Literacy / Online Class**

다빈치 books

# 다빈치 books
## 효과적인 학습 전략 수립을 도와주는 책들

---

### 우리 아이 AI : 4차산업혁명시대 인공지능 융합교육법

박찬, 김병석, 전수연, 전은경, 홍수빈, 진성임, 문혜진, 김성빈, 정선재, 강윤진,
변문경, 권해연, 박서희, 이정훈 공저 | 320쪽 | 24,000원

인공지능 교육은 어떤 방향성을 가지고 진행해야 할까요? 인공지능 교육에
대한 정보, 고민과 해답을 "우리 아이 AI"이 한 권에 담았습니다. 인공지능
교육은 일상생활에서 문제를 해결을 위한 인공지능 활용 교육이 중심이
되어야 합니다. 인공지능 교육에 대한 방향성, 선진 인공지능 교육 사례,
스마트 폰 속 인공지능 도구에 대한 교육적 활용 방법을 소개한 첫 책입니다.

### 4차 산업 수업 혁명: with STEAM 교육 & Maker 교육

최인수, 변문경, 박찬, 김병석, 박정민, 전수연, 전은경 공저 | 264쪽 | 25,000원

STEAM 융합 교육에서 SW 교육으로 더  나아가 만들기 활동으로 세상과
상호작용할 수 있는 메이커 교육이 확대되고 있습니다. 이렇게 교육 혁신이
가속화되는 이유는 4차 산업혁명으로 사회, 경제적 시스템이 변화하며 미래
인재상도 변화하기 때문입니다. 이러한 교육의 패러다임의 전환기에, 본 책은
인간 본연의 창의성을 강화하기 위한 메이커 교육의 역사와, 정신, 방향성을
제시하고 있습니다. 또한 이 책의 저자들은 코딩 교육, STEAM 융합 교육,
그리고 메이커 교육의 이상적인 통합 방법을 사례를 통해 보여줍니다.

### 코딩으로 제어하는 가상현실(VR) 프로젝트
### : 코스페이시스(COSPACES) 활용 가상현실 제작 가이드 북

박찬, 김병석, 박정민 공저 | 184쪽 | 18,000원

가상현실 프로젝트를 제작을 위한 코스페이시스 활용 가이드북입니다. 학교
코딩 수업에서 활용 가능한 예제와 실제 학생의 작품들을 QR 코드로
수록하였고, 흥미로운 수업 사례를 제공하여 현장 활용성을 높였습니다.

### 융합인재교육의 이론과 실제

데이비드 A. 소사 등 지음 | 320쪽 | 18,000원

학생들의 학습 능력과 창의성을 높이기 위해 STEM에 예술(Art) 활동을
통합하는 STEAM에 초점을 맞추어 융합인재교육의 이론과 실제를 소개한다.
교사들이 어떤 관점을 가지고 어떤 수업을 학생들에게 제공해야 하는 지를
가이드하고 있습니다.

우리가 예전에 배운 그대로를 오늘 학생들에게 가르친다면,
아이들의 미래를 강탈하는 것이다.

- John Dewey -

# Cotents

# 들어가며

2020년 상반기에는 COVID-19로 사상 초유의 온라인 개학이 이루어졌습니다. 교수자들은 익숙하지 않은 온라인 수업을 개발하고 운영하는 주체로, 학생과 학부모는 참여하는 주체로 한 학기를 보내야 했습니다. 처음엔 낯설고 힘들었지만, 위기는 분명 우리에게 기회가 되었습니다. 결과적으로 우리는 언택트 교육 혁신과 성장의 계기를 맞게 되었습니다.

우리는 이전까지 생소했던 온라인 수업과 에듀테크 도구들에 익숙해지는 시간을 갖게 되었고, 학생들과 교수자들의 첨단 기술에 관한 관심과 활용 능력은 향상되었습니다. 또한 교육 관계자들이 COVID-19 사태의 위기 속에서 교육 혁신과 에듀테크의 필요성을 다시금 깨닫는 계기가 되었습니다. 이미 이 책의 독자분들도 에듀테크의 필요성을 느끼며 스스로 교육자로서 자기계발의 시간을 보내셨으리라 생각합니다.

이 책은 에듀테크 정보와 도구들을 한 권에 담아 누구나 쉽게 활용할 수 있는 실용서로 기획·제작되었습니다. 급속히 다가온 언택트 시대, 온/오프라인 수업을 업그레이드할 수 있는 에듀테크를 찾아 적용하는 비법과 예시들이 가득 담겨 있습니다. 이 책을 활용하시는 모든 분이 온/오프라인 수업에 에듀테크를 더하여 흥미로운 수업을 설계하고 운영하실 수 있기를 진심으로 바랍니다.

에듀테크 FOR 클래스룸 저자 일동

## 에듀테크(EduTech)

우리는 4차 산업혁명으로 촉발된 디지털 전환(Digital Transformation)의 시대를 살아가고 있습니다. 디지털 전환은 전통적인 운영하던 방식과 서비스 등을 디지털화하는 혁신을 의미합니다. 대부분의 산업 분야에서 사물 인터넷(IoT), 클라우드 컴퓨팅, 인공지능(AI), 빅데이터 솔루션 등을 기존 운영 방식에 접목하고, 정보통신기술(ICT) 기반의 플랫폼을 구축하고 활용하여 시스템을 혁신하고 있습니다. 또한 일자리 구조가 변화하면서 교육 혁신도 선진국을 중심으로 급속히 추진되고 있습니다.[1] 교육 혁신의 사조들 중 하나인 에듀테크(EduTech)는 교육(education)과 기술(technology)의 합성어입니다.

에듀테크(EduTech)
= 교육 + 기술
Education+Technology

에듀테크는 4차 산업혁명에 따른 교육 혁신의 하나로 첨단 기술을 기존 학습 시스템에 통합하는 전 과정을 포함합니다. 에듀테크는 교육 분야에서의 디지털 전환을 의미한다고도 할 수 있습니다. 정보통신기술(ICT)과 빅데이터, 인공지능(Artificial Intelligence) 등 4차 산업혁명 기술과 교육이 만나는 모든 경우가 에듀테크에 해당합니다. 따라서 학습자 중심의 교육, 교사의 교수학습, 평가, 학교 행정 업무의 경감, 교육의 효과성 증진을 목표로 하는 교육 전 분야가 에듀테크 연구·개발의 대상이 됩니다.

CCS : Classroom Care System [2]

사실 COVID-19 이전까지는 학생들의 첨단 기술에 대한 지식과 호기심을 키울 수 있도록 테크놀로지 통합형 학습이 에듀테크라고 여겨지며 주목받아 왔습니다. 미국, 유럽, 중국, 한국에서 에듀테크 관련 첨단 기술 개발이 이루어지며, 학교 수업 시간에 에듀테크를 어떻게 통합할 것인가에 대한 논의도 활발했습니다. 특히 개별화 교육, 학습자 맞춤형 교육의 중요성이 대두되면서 에듀테크는 효율적인 개인화된 학습을 가능하게 하고, 평가의 공정성에 기여하고, 학생들의 흥미를 강화하고 학습 자료의 전달 방식을 개선하여 기존의 강의식 수업이나 도제식 수업의 한계를 극복하는 전략으로 연구되었습니다.[3]

## 국내 에듀테크

우리나라의 경우 92%에 해당하는 세계 최고의 스마트폰 보급률에 힘입어, 테크놀로지는 이미 학생들의 생활 속의 일부로 자리 잡고 있습니다. 4차 산업 분야의 일자리 증가로 일찍부터 자녀가 테크놀로지에 익숙해지기를 바라는 학부모와 학습자들의 교육 수요도 에듀테크의 발달에 기여했습니다[4]. 이미 유아기부터 스마트 기기에 익숙한 학생들은 테크놀로지를 활용할 때 더 즐겁게 학습할 수 있었기 때문입니다.[5] 교육학적 관점에서도 테크놀로지를 통합하여 학습하는 것은 학습자들의 상황적 흥미를 증진하며, 디지털 리터러시(Digital literacy)를 강화할 수 있다는 장점이 주목받아 왔습니다.[6]

AR(Augmented Reality) 수업

국내에서는 학습에 대한 몰입도를 높이는 실감형 콘텐츠(VR, AR, 멀티미디어)와 기능성 게임(Serious Game) 분야 그리고 3D 프린터나 레이저커팅 등을 활용한 메이커 교육 분야가 에듀테크로 발전하고 있었습니다. 특히 실감형 콘텐츠 분야는 유아교육 관련 콘텐츠 형태로 가장 많이 개발되었습니다. 유아들이 스마트폰, 태블릿PC에서 활용할 수 있는 영상, 실감형 콘텐츠를 탑재한 애플리케이션, 교육용 게임들이 국내 대기업들이 주도하는 에듀테크산업의 중심이었습니다. 결과적으로 유아 콘텐츠는 태블릿PC, 인공지능 스피커의 보급과 더불어 가장 활성화된 에듀테크 분야로 중국과 동남아에 수출되고 있습니다. 이후 소프트웨어 교육에 대한 필요성이 제고되면서 학교 내의 ICT 수업 환경 조성 및 초, 중, 고, 대학까지 코딩 교육의 확대로 소프트웨어 교육 분야에서 에듀테크 연구·개발이 최근까지 가장 많이 주목받아 왔습니다.

국내에서 온라인 수업 분야 에듀테크가 활성화된 영역은 외국어교육 분야였습니다. 외국어 학습의 경우 영어 인증시험을 목표로 하는 수요가 많아서, 개인의 학습 진도를 점검하면서 수준별 맞춤형 교육 플랫폼을 개발하고 첨단 기술을 접목해 왔습니다. 최근에는 인공지능을 활용해서 개인의 발음을 교정하고, 대화하듯 영어 회화를 학습하기도 합니다. 또한 특정 개인이 취약한 문법이나 독해 분야를 점검해서 유사한 문제를 반복해서 제공해 주는 학습 서비스도 가능해졌습니다. 또한 노트북과 태블릿PC 보유율의 증가는 온라인 학습 콘텐츠의 보급률을 높이는 데 기여하고 있습니다. 최근 COVID-19 사태로 인해서 우수한 온라인 학습 시스템을 갖춘 교육 플랫폼들은 오프라인 학습자까지 역유입되는 효과를 거두며 성장과 도약의 기회를 맞게 되었습니다.

## COVID-19 이후의 에듀테크

COVID-19의 확산은 이렇게 원격교육, 비대면 수업에 활용할 수 있는 테크놀로지 도구로서 에듀테크 분야의 연구를 가속하고 있습니다. 교육부에서는 2020년부터 디지털 뉴딜의 교육 분야 추진을 위한 비대면 교육 긴급 지원, 대학 원격교육 지원센터 건립, ICT 고도화를 추진하는 데 막대한 예산을 투입하겠다고 밝혔습니다.

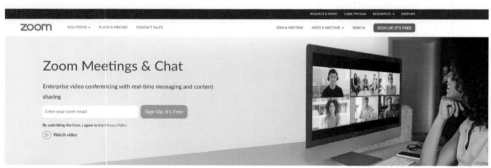

Zoom(https://www.zoom.us/meetings)

또한 온라인 수업 분야에서 실시간 쌍방향 수업의 대중화도 이루어졌습니다. 미국에 본사를 둔 중국 스타트업이 개발한 Zoom은 대표적인 실시간 쌍방향 수업 도구로 활용되고 있습니다. Zoom은 COVID-19 사태 이후 하루 접속자가 2억 명이 넘을 정도로 폭증하면서 기업가치도 상승했고, 급속히 기술에 대한 투자가 이루어지면서 Zoom 안에서 구현할 수 있는 원격수업 도구들도 추가되고 있습니다. 또한 구글 Meet, MS Teams 등으로 학생들이 비대면 상태에서 팀 프로젝트를 수행하는 등 온라인 상호 작용을 지원하는 도구로서의 에듀테크도 급속히 발달하고 있습니다.

에듀테크의 급속한 발전으로 인해, 에듀테크 하나만을 다루더라도 책 한 권으로 다 풀어낼 수 없을 정도입니다. 참고로 이 책에서는 온/오프라인 수업에서 활용할 수 있는 에듀테크 도구로 한정하여 에듀테크를 다루고 있습니다.

# 블렌디드 러닝(Blended Learning)

블렌디드 러닝(Blended Learning)은 혼합형 학습이라고도 하며, 두 가지 이상의 학습 방법을 결합하여 이루어집니다. 일반적으로 비대면과 대면 학습이 혼합된 학습을 가리키는 경우가 가장 많습니다. 본래 블렌디드 러닝은 대학 교육 혁신에 대한 필요성을 인식하게 되면서 등장하였습니다. 블렌디드 러닝은 미국의 교육기업인 스터런(CertiLearn) 사의 교수설계자이자 부사장인 주디스(Judith M. Smith) 박사가 처음 소개했습니다.[7] 그는 학습효과를 높이기 위해 학습 현장에서 다양한 교육 방법을 혼합하는 것은 전혀 새로운 개념이 아니라고 설명하면서, e-러닝의 한계를 극복하고 교육 효과를 향상하기 위해 앞으로 주목해야 할 방법이 블렌디드 러닝이라고 강조한 바 있습니다. 이후 대학이 혁신적인 지식을 제공하는 역할 이상으로, 창의적인 지식과 미래가치를 생산하기 위한 연구 역량, 창업 역량을 강화하는 방향으로 진화하게 되었습니다. 이에 대학 정규 교육에서 온라인 강좌, Massive Open Online Courses(이하 MOOCs), 플립트 러닝(Flipped Learning), Data Based Smart Learning, Social Media, Cloud와 같은 테크놀로지를 활용한 블렌디드 러닝이 확산되었습니다. 블렌디드 러닝은 학습자들의 학습 효율성을 높이고, 높은 학습 동기를 유지하며 자기주도적으로 통합 지식을 형성하는 데 도움이 됩니다. 특히 블렌디드 러닝의 강점은 학습자가 주도적으로 학습 시간을 설계하고 콘텐츠를 선택하여 융합된 지식(Blended knowledge)을 구성할 수 있다는 점입니다.

Coursera(https://www.coursera.org/)

## 블렌디드 러닝과 MOOCs

블렌디드 러닝에서 가장 많이 활용되는 MOOCs는 학습자들이 장소와 학력 사항과 무관하게 무료로 세계 명문 대학의 강의를 접할 수 있다는 장점 때문에 주목을 받으며 성장해 왔습니다. MOOCs는 Harvard, Stanford, MIT 와 같은 유명 대학에서 시민들을 대상으로 심리학, 철학, 컴퓨터 공학과 같은 대중성 있는 강의를 Open Educational Resource(OER) 형태로 올려놓으며 시작되었습니다.[8] 하나의 강의에 수천 명에서 수만 명이 몰리기 시작하면서 언론의 관심과 비즈니스 모델에 대한 관심이 커졌습니다. 이후 관심 있는 교수들의 에듀테크 분야 창업으로 이어지면서 MOOCs는 새로운 학습 모델로 자리매김하였습니다. 현재는 미국뿐 아니라 세계 명문 대학들은 정규 수업에서 MOOCs를 통합하여 적용하는 블렌디드 러닝을 활발히 하고 있습니다.

학습 플랫폼들

Khan Academy(http://www.khanacademy.org)
미래교실 네트워크(http://www.futureclass.net/)
EdX(http://www.edx.org)
Udemy(http://www.udemy.com)
Future Learn(http://www.futurelearn.com)
Udacity(http://www.udacity.com)

MOOCs는 교수자의 승인 또는 대학이 수강자들에게 요구하는 평가를 완료하면 학점을 인정해 줍니다. 특히 이번 COVID-19로 인해서 MOOCs 시스템이 잘 갖추어진 해외 대학은 안정적으로 MOOCs를 활용하여 온라인 수업을 운영하였습니다.

## K-MOOC

물론 우리나라에도 K-MOOC(Korean Massive Open Online Course: 한국형 온라인 공개 강좌)이 있습니다. 하지만 주로 학점은행제로 활용되며, 해외와 달리 대학 정규 교육과정에서 학점을 인정하는 경우는 극히 드문 실정이었습니다. 이렇게 온라인 수업 시스템을 갖추지 못한 국내 다수의 대학은 온라인 개학 이전에 학습을 어떻게 진행할 것인가의 문제부터, 공정한 온라인 평가를 진행하지 못하는 데서 오는 학생들 부정행위의 문제, 학점 부여 비율 및 학점 인정의 여부까지 혼란 속에서 한 학기 동안 많은 시행착오를 겪어야 했습니다. 또한 COVID-19 사태 속에서 우리나라 대학 재정의 높은 정부 의존성과 정보를 교류하지 못하는 폐쇄적 특성이 선진적인 온라인 시스템을 구축하지 못했던 이유로 대두되었습니다. 그리고 우수한 교수자들은 콘텐츠가 외부로 유출되자 저작권 보호를 요구하는 목소리를 높였고, 반대로 일부 교수자들은 오리지널 수업 콘텐츠를 생성하지 못하고 오래 전에 제작했던 수준 낮은 영상 자료를 그대로 온라인 수업 플랫폼에 탑재하며 비난을 받았습니다. 사실 이러한 혼란 속에서 학생들이 가장 큰 피해를 입었습니다. 학생들은 낯선 온라인 학습 상황에서 환경적, 학습 동기적인 변화에 대한 어려움을 겪었습니다.


## 블렌디드 러닝을 위한 디지털 도구

블렌디드 러닝을 통해 학습의 효과성과 효율성을 높이고, 학생들의 높은 학습 동기를 유지하며 자기주도적으로 통합 지식을 형성하도록 지원하기 위해서는 무엇보다 좋은 학습 자료 개발이 선행되어야 합니다. 학습 자료 개발에는 첨단 도구들을 적절하게 활용하고, 우수한 시스템을 갖춘 플랫폼을 활용하여 학생들에게 효율적으로 제공·관리하는 것도 중요합니다. 첨단 디지털 도구는 정보 처리, 교수-학생 간 상호 작용뿐 아니라 학습자의 인지 도구의 역할을 수행하고 있습니다. 또한 다양한 학습 자료와 환경의 설계가 가능하도록 교수자들을 지원하고 있습니다. 이미 개발된 디지털 도구들은 사고 기술을 시각화하고 조직화하며 자동화하고 단순 작업을 대체하는 데 사용할 수 있는 기술이 포함되어 있습니다. 이 책에서 소개하고 있는 첨단 디지털 도구들을 활용하여 블렌디드 러닝의 장점을 극대화한다면 성공적인 수업을 개발·운영 할 수 있습니다.

| 도구 | 설명 | 이 책의 관련 챕터 |
|---|---|---|
| 시각화 도구<br>Task representation tools | 학습자가 개념이나 현상을 이해하기 위해 스키마에 상을 구축하고 시각화함 | 영상녹화 / PPT 녹화 / 윈도우 게임 녹화 / 곰캠 / 오캠 / OBS / zoom it / 무료 폰트 / 무료 이미지 / 무료 음원 / 미리캔버스 |
| 조직화 도구<br>Modeling tools | 학습자가 문제 상황에 대해 생각하고 분석하고 조직하는 사고의 길을 한정하거나 활발하게 함 | 카훗 / 팅커벨<br>패들렛 / 멘티미터 |
| 효율화 도구<br>Performance support tools | 학습 수행 지원 도구로서 학습 과제 제출과 평가를 효율적으로 하거나, 정보를 효율적으로 구성하거나 필터링하여 제공함 | 클로버더빙 / 브루(Vrew) / 곰믹스(Gom Mix) / 유튜브 / 구글 설문 / 구글 프레젠테이션 / 구글 스프레드시트 / 구글 사이트 도구 |

디지털 도구의 분류 [9]

# 플립트 러닝(Flipped Learning, Flipped Classroom)

 플립트 러닝(Flipped Learning)은 블렌디드 러닝의 한 형태입니다. 플립트 러닝은 우리나라에서 거꾸로 교실이라는 이름으로 많이 알려져 있습니다. 교수자가 수업자료를 사전에 제시하고 학생이 온라인을 통해 사전 과제를 먼저 학습한 후 오프라인에서 토론과 같은 활동 수업을 진행하는 것입니다. 가장 일반적인 플립트 러닝 수업 방식은 교사가 사전에 제공한 동영상을 학생이 보며 사전에 학습하고, 오프라인 수업에서 학습과 연관된 활동에 참여하는 형식입니다. 오프라인에서는 학생들이 선수 학습한 개념을 적용하고 심화하는 활동 이루어집니다.
 전통적인 강의식 수업은 교사가 지식에 대한 권위를 가지고 수업 시간에 학습자들에게 설명하고, 이해를 돕는 문제를 풀어주는 형태로 이루어져 왔습니다. 플립트 러닝에서 교사의 수업은 영상으로 제작되어 오프라인 수업이 시작되기 전에 제공됩니다. 오프라인에서 주로 학생 주도적인 활동을 하게 되므로, 교실 수업의 주체가 교사가 아닌 학생이 된다는 점이 가장 큰 특징입니다.

수업을 마친 이후에 교사는 다음 차시에 상위 개념으로 지식 수준이 향상될 수 있도록 돕는 연관 수업을 지속해서 설계해야 합니다. 따라서 플립트 러닝은 교수자들의 수업 준비에 대한 부담이 커지고 준비 시간이 길어진다는 단점이 있습니다. 게다가 2014년 이후 우리나라에 도입된 플립트 러닝은 교수자가 아무리 우수한 동영상 자료를 준비하고 활동을 구조화하더라도, 학습자 중심 수업에 익숙하지 않은 우리 학생들에게는 효과가 크지 않다는 연구 결과도 있습니다.

## 플립트 러닝 과정

### 수업 전

교수자는 동영상을 비롯한 학습 자료를 온라인, Learning Management System(LMS)에 탑재하고, 오프라인 수업 시간에 학습자들 간의 토의, 소규모 그룹 활동, 자기주도적 개념 심화 활동 등을 준비·계획합니다. 학생들은 교수자가 준비한 동영상 강의 및 학습 자료를 사전에 충분히 학습하고 플립트 러닝에 참여합니다. 학생들로 하여금 선수 학습을 하면서 질문할 내용이나 더 깊게 공부하고 싶은 내용을 적어서 수업 시간에 가지고 오도록 합니다. 수업 영상은 가능한 한 짧게(3분 내외) 끊어서 여러 개로 만들어 제공하는 것이 효율적입니다. 또한 오프라인 수업 시간에 질의응답을 통해서 영상을 학습했는지, 개념을 잘 이해했는지에 대해 선수 학습 여부를 체크를 할 것이라고 공지하여 선수 학습을 독려하는 것이 좋습니다.

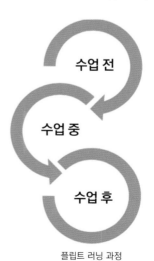

### 수업 중

교수자는 수업 중에 퀴즈(이 책 2장)와 같은 간단한 활동이나 질문을 통해서 수업 전에 제공된 학습 내용에 대한 이해도를 점검해야 합니다. 퀴즈 점수를 성적에 반영하면 학생들의 선수 학습에 대한 몰입을 돕고, 성실하게 온라인 수업에 참여한 학생들에게 보상을 제공할 수 있습니다. 예를 들어, 플

플립트 러닝 과정

립트 러닝을 적용한 수업에서 그룹 활동을 하는데, 제공한 수업 영상을 보지 않고 온 학생들이 섞여 있고, 그룹 평가에서 이들과 같은 점수를 받게 된다면 성실히 수업에 참여한 학생들의 학습 동기마저 저해하게 됩니다. 따라서 학생들이 사전 학습을 하지 않으면 평가에서 불이익을 당한다는 것을 사전에 인지하도록 하는 것이 좋습니다. 또한 교수자는 수업이 시작되기 전에 학습자의 질문을 받고 답변을 하거나, 학생들의 질문 범위 안에서 토론의 주제를 정하는 것도 좋습니다. 교수자는 토론과 같은 활동 과정에서 학생들의 적극성을 수시로 체크하는 수행평가를 포함하는 것도 좋습니다.

### 수업 후

수업 후에는 학생이 배운 내용을 심화하여 비판적 사고(critical thinking) 또는 깊이 있는 개념 학습(deep learning)이 일어날 수 있도록 보고서를 작성하도록 하거나, 프레젠테이션(presentation)하는 시간을 제공하면 좋습니다. 또한 수행평가(Rubric)와 같은 평가지를 활용하여 각 학생 혹은 그룹의 수행(performance)을 평가하도록 합니다. 팀 프로젝트라면 동료평가(peer evaluation)를 활용하는 것도 추천합니다. 동료평가는 구글 설문지를 활용하여 사전에 제작하고 수업 직후 학생들에게 제공할 수 있습니다. 만일 사회적 거리 두기로 비대면 쌍방향 그룹 수업을 시행했다면, 각 플랫폼에서 제공하고 있는 설문지 작성 서비스를 이용하면 됩니다. 교수자는 각 수업 결과를 되돌아보고 나름의 반성(reflection)과 성찰을 통해서 다음 수업과 다음 학기에 어떻게 개선할 것인지를 구체적으로 기록해 두는 것도 좋습니다.

### 미래의 플립트 러닝 예측

산호세(San Jose) 주립 대학교의 전자공학과 학생들은 MIT 강의를 온라인으로 학습 자료로 활용하면서 플립트 러닝을 하고 있습니다. 이들은 수업 시간에 교수자 및 동료 학습자와 함께 심화 문제 풀이를 통한 상호 작용을 하였습니다. 이후 산호세 주립 대학교의 전자공학과 학생들이 수업을 중도에 포기하는 비율은 41%에서 9%로 낮아졌습니다. 이러한 사례뿐 아니라 플립트 러닝과 관련된 연구들을 살펴보면, 수업 시간에 다룰 주제를 학습자들이 선택하는 것이 초기 학습 동기를 강화하는 데 도움이 됩니다. 또한 교수자가 주도한 학습(시간, 강의, 모듈, 학기) 후에 학습자 주도적으로 무엇을 할 수 있는지를 구체적으로 제시하면 좋습니다. 교수자가 제공할 퀴즈를 학생들이 작성하여 제출하도록 하거나, 그룹 토론 주제를 선정하고 결과 발표를 하는 등의 활동을 통해 수업 목표를 효율적으로 달성할 수 있습니다. 또한 수업 개념과 연관된 그룹의 주제, 개인의 주제를 설정하여 수업을 진행하는 경우에는 팀 기반 학습(Team-Based Learning), 문제 기반 학습이나 프로젝트 기반 학습(Problem or Project-Based Learning)을 활용하여 플립트 러닝을 운영할 수 있습니다. 전 과정에서 평가에 대해 학생들의 사전 합의가 이루어지는 것도 바람직하며 충분히 공정하게 측정할 수 있는 방법을 제시하는 것이 좋습니다. [10]

## 성공적인 온/오프라인 학습을 위한 팁[11]

### 교수자가 직접 출연하는 비디오

학생들은 존경하는 교수자, 친숙한 교수자 그리고 자신을 평가하는 교수자가 직접 출연하는 영상에 더 큰 흥미를 느끼고 집중한다는 연구 결과가 있습니다. 따라서 교수자는 다양한 영상 촬영 기법을 활용하여 강의를 촬영하고 편집하는 기술을 확보해야 합니다. 초·중·고등학생도 기존에 개발된 우수한 비디오를 활용하는 것보다 자신에게 익숙한 선생님들이 제작한 비디오를 선호한다고 응답한 연구도 있습니다. 따라서 교수자는 동료 교사들과 협력하여 우리 학교 학생들을 위한 비디오를 개발하면 좋습니다. 이렇게 하면 교사와 학생 간의 유대관계도 돈독해지고 온라인 수업에 대한 집중도도 향상될 수 있을 것입니다. [12]

### 유기적으로 개념이 연관된 수업 내용

플립트 러닝에서 학습 목표를 달성하기 위해서는 유기적으로 개념이 조직되어 심화하는 방식으로 영상이 제공되어야 합니다. 이는 학생들이 앞서 제공된 영상을 본 이후 다음 영상을 바로 시청할 수 있도록 유도하기 위함입니다. 또한 영상은 학습 수준에 따라 학습자의 눈높이에 맞는 콘텐츠로 제작되어야 합니다. 수준별 수업을 구성하는 경우 여러 교수자가 수준별 학습 내용을 영상으로 제작하여 개별 학습자의 학습 수준에 맞게 제공하는 것이 좋습니다.

## 테크놀로지를 활용한 학습 동기 부여

교수자는 학습자의 학습 동기를 강화하기 위해서 스캐폴딩(Scaffolding)을 제공하는 것이 좋습니다. 영상을 모두 시청한 학생에게 자동으로 이메일 발송 기능을 설정해서 수업 완료에 대해 칭찬하거나, 제한 시간 동안 영상을 시청하지 않고, 온라인 수업을 마치지 않은 학생들에게 영상 시청을 독려하는 메일이나 문자를 제공하는 것은 학습자에게 학습을 완료하게 하는 외적인 동기로 작용합니다.[13]

카카오톡을 활용해서 학습자끼리 도움을 주고받을 수 있도록 하거나, 구글 드라이브에서 학습자들에게 과제에 대한 샘플이나 형식을 다운받을 수 있도록 합니다. 그리고 학생들이 수업 안에서 어떤 어려움을 겪고 있는지 물어보는 등 교사는 학생들의 수업 상황을 수시로 점검할 필요가 있습니다.

또한 구글 설문지를 활용해서 교수자와 학습자가 함께 수행평가지를 만드는 활동도 추천합니다. 학습자가 자신이 어떻게 평가받을지 사전에 스스로 설계하는 것은 학습에 적극적으로 참여할 수 있도록 돕는 효과가 있습니다. 또한 교수자는 학습 평가 기준에 대해서 학습자들에게 재차 설명할 필요가 없게 됩니다. 이미 학생들은 자신이 참여한 학습 평가를 신뢰하고 평가 항목을 숙지하고 있기 때문입니다.

특히 학습자와 교수자가 공동으로 수행평가 항목을 설정하는 플립트 러닝은 의학, 간호학에서 많이 활용됩니다. 이 분야에서는 전문 지식을 많이 알고 있는 것도 중요하지만, 지식을 상황에 맞게 적용하는 것도 중요하기 때문입니다. 따라서 간호학 수업의 경우 수행평가 항목에 대한 샘플 갤러리가 가장 활발하게 제작·공유되고 있습니다.[14]

모든 학생이 플립트 러닝이 강의식 수업보다 낫다고 생각하는 것은 아닙니다. 하지만 현재처럼 비대면 수업을 진행해야 하는 경우, 플립트 러닝의 적용은 불가피합니다. 교수자들은 기존에 자신이 제작한 다양한 학습 자료를 학생들에게 효율적으로 제공해야 하고, 각 가정에서 학생들이 원활하게 수업에 참여할 수 있도록 교수자들의 선행 노력이 필요합니다. 특히 교수자들은 학생들과 개별 상호 작용을 통해서 온라인 수업 상황을 체크하고 외적 학습 동기를 향상할 수 있도록 지원해야 합니다. 학생들이 가정에서 편한 시간에 사전 학습을 하고, 출석하는 날에 학교에서는 교수자와 함께 의문 사항 등을 토론하는 수업을 병행하면, 학습 결손을 최소화할 뿐 아니라 학생들의 학업 성취도도 향상될 수 있습니다.

간호학 분야 수행평가지의 샘플 갤러리
(https://www.rcampus.com/rubricshells.cfm?sid=35&)

## 디지털 리터러시(Digital literacy)

디지털 리터러시(Digital literacy)란 디지털 정보를 이용해서 올바른 정보를 이해하고, 표현하여 상호 작용하고 활용할 수 있는 능력을 말합니다. 최근 4차 산업혁명 시대를 살아가는 디지털 시민으로서의 필수 역량으로 디지털 리터러시가 다시 주목받고 있습니다. 최근 디지털 리터러시 교육의 중요성이 대두되는 이유는 비대면 수업의 확산으로 학생들이 온라인상에서 무분별하게 접근할 수 있는 정보와 영상물에 노출되어 있기 때문입니다. 학생들은 온라인 수업에 참여한다는 이유로 PC 앞에 앉아 있지만, 실제로는 게임을 하거나 포털에 있는 흥미로운 뉴스를 검색하기도 하고, 유튜브에 있는 재미있는 영상을 시청하기도 합니다. 물론 이러한 온라인 정보들이 모두 유해하다는 것은 아닙니다. 하지만 디지털 리터러시가 부족한 학생들의 경우 가짜뉴스, 자극적이거나 오개념이 가득한 기록물에 흥미를 느끼고 시청할 가능성이 있습니다. 청소년기까지 생성된 기반 지식은 평생 동안 가지고 가는 사고의 개념적 틀을 형성합니다. 학생들이 온라인에서 잘못된 정보를 접하는 빈도가 증가하면, 그 정보를 근거로 잘못된 판단을 할 수 있는 가능성도 커집니다. 따라서 디지털 리터러시 교육의 중요성이 다시 강조되고 있는 것입니다.

융복합 시대를 맞아 디지털 리터러시 교육에는 학생들이 올바른 정보를 검색하고, 문제를 파악하고, 의사 결정을 하고, 창의적인 정보를 만들어내는 전 과정이 담겨 있어야 합니다.[15] 정리하면, 디지털 리터러시(Digital literacy)를 강화하기 위한 교육은 다음의 세 가지 능력을 키울 수 있어야 합니다.

첫째, 올바른 정보를 선별하고 이해할 수 있는 능력입니다. 학생들은 대체로 자극적이고 재미있는 정보에 흥미를 보입니다. 하지만 선택한 정보가 신뢰할 만한 것인지에 대한 고민은 크게 하지 않는 경향도 있습니다. 학생이나 성인들이 정보에 대한 비판적인 사고 없이 있는 그대로 받아들이고 이해하는 일이 계속되면 이는 잘못된 판단과 의사 결정으로 이어집니다. 따라서 학생들이 찾은 정보에 비판적으로 접근해 보는 활동이 디지털 리터러시 교육에서 필요합니다. 디지털 리터러시 교육에서는 선택한 정보를 교차 검증을 통해서 올바른 정보인지 판단하고 비판적으로 사고하여 학생들의 정보의 행간을 읽어낼 수 있는 안목을 키울 수 있도록 해야 할 것입니다.

둘째, 올바른 정보를 근거로 자기 생각을 표현하는 능력을 키워야 합니다. 우리나라 학생들은 교수자에게 제공받은 정보를 이해하는 데에는 익숙합니다. 반면 올바른 정보를 분별·검증하고 비판적으로 사고하는 데는 다소 취약합니다. 또한 이해한 정보를 토대로 자기 생각을 만들고 발표하는 것을 매우 어려워합니다. 그 이유는 생각을 표현하기 전에 자기 생각이 틀릴 수도 있다는 생각을 먼저 하기 때문입니다. 사실 생각이 옳고 그르다를 판단하기 이전에 어떤 근거로 그렇게 생각하게 되었는지를 논리적으로 검증하는 것이 더 중요합니다. 논리적으로 사고할 때 활용한 근거에 따라서 판단의 결과가 다를 수 있어서, 개인의 생각은 저마다 다를 수 있다는 점을 학생이 사전에 충분히 인식할 수 있도록 해야 합니다. 따라서 올바른 정보를 찾고, 정보를 바로 이해하고, 비판적으로 사고하고 이를 근거로 자기 생각을 만들고, 표현하는 교육이 함께 이루어져야 하는데, 이는 디지털 리터러시를 함양하기 위해서 정말 중요합니다.

셋째, 정보를 활용하여 상호 작용할 때 디지털 도구를 활용하는 능력입니다. 어떤 도구를 활용하여 정보를 검색하고 분석하며 의견을 제안할 것인지, 어떻게 효율적으로 발표하고 청중과 상호 작용할 것인지에 대한 전략을 세우는 것도 디지털 리터러시의 중요한 부분입니다. 특히 언택트 시대에는 성공적인 발표와 상호 작용을 위해 어떤 디지털 도구나 플랫폼을 선택하느냐도 매우 중요해졌습니다. 따라서 가장 적합한 디지털 도구를 선택하고 능숙하게 해당 도구를 활용할 수 있는 능력을 키우는 것이 디지털 리터러시 교육에 포함될 것입니다. 예를 들어 원격으로 토론을 해야 하는 상황이라면 어떤 플랫폼을 활용해서 토론할지, 또 각자의 자료를 어떤 방식으로 공유할지, 호스트의 역할을 어떻게 설정할지, 토론 순서는 어떻게 할지 등을 선택하는 능력이 디지털 리터러시가 됩니다. 또한 수업 시간 내에 발표 영상을 제작하고, 대면 혹은 비대면 상황에서 가장 효율적인 방법으로 발표하고 피드백을 받을 수 있는 도구를 선택하여 청중에게 제공하는 전 과정이 교수자에게는 학습자의 디지털 리터러시를 평가하는 항목이 될 수 있습니다.

디지털 리터러시를 강화하기 위한 통합 수업에서 디지털 리터러시에 대한 캠페인 영상을 제작하는 것도 좋은 프로젝트 수업 방법이 될 것입니다. 캠페인 영상을 제작하는 학생들은 디지털 리터러시의 개념과 항목들을 조사하고, 스토리보드를 작성하고, 영상을 촬영하는 도구와 편집 기법을 무엇으로 할 것인가를 선택하게 됩니다. 또 어떤 플랫폼에서 송출할 것인가를 찾고 영상을 업로드하기 전에 많은 사람이 호기심을 가지고 볼 수 있도록 썸네일을 제작하고, 광고나 홍보 방안을 계획하고 실천할 수 있습니다. 디지털 리터러시 교육의 기획과 캠페인 개발의 전 과정은 디지털 리터러시를 향상할 수 있을 것입니다. 다음 장부터는 에듀테크를 활용하여 온/오프라인 수업의 효과를 높일 수 있는 디지털 도구들이 소개됩니다. 이 책을 읽는 독자분들의 디지털 리터러시가 향상될 수 있는 좋은 기회가 되기를 진심으로 바랍니다.

# 주석

1) 변문경, 최인수(2018). 4차 산업혁명 시대 한국형 메이커 교육의 방향성 탐색, 공학교육 연구, 21(2), 17-2

2) https://baijiahao.baidu.com/s?id=1611027655051787736&wfr=spider&for=pc

3) [출처] 비대면 수업도 OK! 교육 4차 산업혁명은 '에듀테크'로|작성자 통계청

4) Parmar, D., Isaac, J., Babu, S. V., D'Souza, N., Leonard, A. E., Jörg, S., & Daily, S. B.(2016, March). Programming moves: Design and evaluation of applying embodied interaction in virtual environments to enhance computational thinking in middle school students. In 2016 IEEE Virtual Reality(VR)(pp. 131-140). IEEE.

5) Reiser, R. A., & Dempsey, J. V.(Eds.).(2012). Trends and issues in instructional design and technology. Boston: Pearson.

6) Dawley, L., & Dede, C.(2014). Situated learning in virtual worlds and immersive simulations. In Handbook of research on educational communications and technology(pp. 723-734). Springer, New York, NY.

7) [e리포트] '블렌디드' e-러닝 대안 부상 https://news.naver.com/main/read.nhn?mode=LSD&mid=sec&sid1=111&oid=029&aid=0000039382

8) 조문흠, 변문경(2015). Massive open online courses(MOOCs)을 활용한 대학 정규 수업에서 학습자의 동기 유형별 학습 패턴 분석. 교육학연구. 19(1), 37-46.

9) Kommers, P. A., Jonassen, D. H., Mayes, J. T., & Ferreira, A.(Eds.).(1992). Cognitive tools for learning(Vol. 81). Heidelberg FRG: Springer-Verlag. Kommers, Jonassen,&Mayes, 1992참조

10) Komives, C.(2018). Flipped Classroom Increases Achievement of Student Learning Outcomes. Journal of Engineering Education Transformations, 31(3), 120-123.

11) 변문경, 이진호, 홍석호, 조하민, 조문흠(2016). K-MOOC 강좌 개발을 위한 상호 작용 설계 전략 탐구: Moore의 3가지 유형의 상호 작용을 기반으로. 교육 정보미디어 연구, 22(3), 633-659.

12) Huang, B., Hew, K. F., & Lo, C. K.(2019). Investigating the effects of gamification-enhanced flipped learning on undergraduate students' behavioral and cognitive engagement. Interactive Learning Environments, 27(8), 1106-1126.

13) 변문경, 조문흠*(2017). K-MOOC 수강 완료자의 초기 수강 동기와 수강 지속 동기 분석. 학습자중심교과교육연구, 17, 125-154.

14) https://www.rcampus.com/rubricshellc.cfm?sid=35&

15) https://www.hee.nhs.uk/file/digital-literacypng-3

INTERNET

EARN

SKILLS

OURSES

GOALS

# 수업에
# 맛을 더하는
# 온라인
# 퀴즈 도구

# 들어가며

　원격학습 또는 교실 수업을 하다 보면 단조로운 학습 방식으로 인해 학생들은 쉽게 지루함에 빠지고 집중력을 잃어버릴 수밖에 없습니다. 학습 참여도를 높이고 집중력과 순발력을 발휘하여 신나게 학습하게 하는 방법이 무엇일까요? 바로 퀴즈입니다! 만들기 쉽고 활동과 공유가 수월한 게임 기반의 신나는 학습퀴즈 제작 플랫폼을 소개합니다.

　학생들은 개별 디바이스를 통해 실시간으로 퀴즈에 참여할 수도 있고 과제로 제공된 퀴즈를 정해진 기간에 개인적으로 참여하여 풀 수도 있습니다. 즉, 실시간 원격학습 또는 교실 학습을 진행하거나 콘텐츠 제공형으로 원격학습을 실시하는 경우에도 아주 유용하게 활용될 수 있는 도구입니다.

　퀴즈 도구는 어떻게 활용이 될 수 있을까요? 수업 전, 수업 중, 수업 후로 구분하여 다음과 같이 활용도를 생각해 볼 수 있으며 이 외에도 다양하게 활용될 수 있습니다.

---

**1. 수업 전**
-동기유발에 활용, 출발점 지식 확인

**2. 수업 중**
-학생들의 학습 이해도 확인, 분위기 전환 및 집중 유도

**3. 수업 후**
-학습 내용 강화를 위한 복습용 및 내용 정리용
-단원평가 및 형성평가로 활용
-보충학습을 위한 과제로 활용
-문제별, 학생별 결과 확인을 통한 개별 피드백 활용, 동기부여의 기회

---

퀴즈 도구를 활용할 때 주의할 점은 무엇일까요?

'경쟁'의 방식은 적절히 사용하면 학습효과를 극대화시킬 수 있지만 지나치면 부작용도 많습니다. 순위 결과 자체로 보상하거나 부정적인 피드백은 하지 않는 것이 좋습니다. 이는 반대로 학습 의욕을 떨어뜨릴 수 있기 때문입니다. 학생들이 즐겁게 참여하면서 만족감을 느낄 수 있도록 유도하는 것이 가장 좋습니다.

퀴즈 제작을 위한 도구로 카훗, 띵커벨, 구글 설문을 이용한 퀴즈, 퀴즈 앤, 클래스 카드 등이 있는데 이 책에서는 무료 버전으로 사용해도 가성비가 좋은 띵커벨과 카훗을 소개하고자 합니다.

띵커벨은 무료 회원일 경우 플레이에 참여할 수 있는 인원수와 볼 수 있는 콘텐츠 범위에 약간의 차이는 있지만, 교사인증 절차를 거치면 유료회원이 아니어도 띵커벨을 용도에 맞게 필요한 만큼은 충분히 활용할 수 있게 해 줍니다. 다양한 문제 유형을 모두 무료로 사용할 수 있으며 만들고 사용하기가 편리합니다. 또한 이미 제작되어 있는 기존의 신뢰할 수 있는 문제들을 활용할 수 있고, WiFi가 지원되지 않아도 PPT 자료로 제공해 주어 골든벨 퀴즈 방식으로 활용이 가능합니다.

카훗은 영어 버전의 외국 프로그램이며 무료로 사용할 수 있는 퀴즈 유형은 두 가지밖에 안 되지만 무료 회원일 때 100명까지 퀴즈 참여 인원을 지원해 주고, 플레이 방식에 다양한 변화를 줄 수 있는 설정 기능들이 있습니다. 또한, 퀴즈 풀이 결과에서 각 학생에 대한 문제별 풀이의 정·오답 상황을 좀 더 구체적으로 보여주어서 학습지도에 유용하게 활용할 수 있습니다.

# 띵커벨(ThinkerBell)

## 띵커벨 시작하기

### 1. 회원 가입하기 및 교사인증

초등 아이스크림 홈페이지(https://www.i-scream.co.kr)에 접속하여 회원가입과 교사인증을 시행한 후 띵커벨로 들어갈 수 있습니다. 또한 띵커벨( https://www.tkbell.co.kr ) 주소로 직접 들어가는 방법도 있습니다. 회원가입을 먼저하고 지원센터에 들어가서 교사인증신청 절차를 거치면 됩니다. 교사 중 이미 아이스크림 회원인 경우는 아이스크림 홈페이지에서 띵커벨을 쉽게 발견할 수 있습니다.

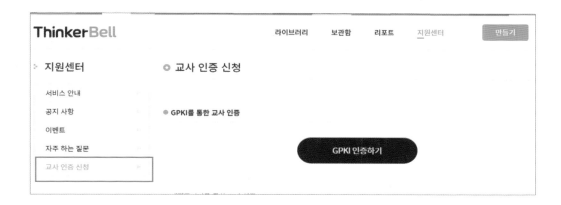

## 2. 홈 메뉴 간단 이해

홈페이지 메뉴들을 간단히 살펴보겠습니다.

① 라이브러리 : 동료 교사들이 만든 문제들, 아이스크림에서 제공하는 교과 연계 퀴즈들이 모여있는 곳입니다. 학교급/
   학년/과목 등 카테고리별로 잘 정리되어 있어서 필요한 주제를 검색해 얼마든지 쉽게 찾아 수정 및 보완하여 내 퀴
   즈 세트로 사용할 수 있습니다.

② 보관함 : 내가 만든 퀴즈들이 모여있습니다.

③ 리포트 : 퀴즈의 경우 학생별, 문항별로 정답률을 확인해 주며, 토의·토론 유형이면 학생들의 개별 의견을 취합
   할 수도 있습니다. 모든 풀이 결과 자료는 별도로 다운로드하여 학생지도에 활용할 수 있습니다.

④ 지원센터: 서비스 안내, 공지사항, 이벤트, 교사인증 신청 등의 메뉴가 있습니다.

⑤ 만들기 : 퀴즈 만들기를 바로 시작할 수 있습니다.

## 띵커벨 퀴즈 만들기

### 1. 퀴즈 유형 선택하기

'만들기'를 선택하여 들어오면 내가 만들 퀴즈의 유형을 먼저 정합니다. 크게 퀴즈형과 토의·토론형으로 분류됩니다.

### 2. 문제 개요 작성하기

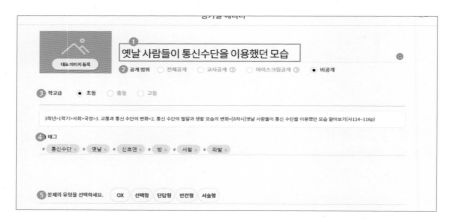

① 퀴즈의 제목을 작성합니다.

② 공개범위를 설정합니다.

③ 학교급, 학년, 교과, 단원, 차시와 내용을 선택합니다.

④ 태그를 답니다.

⑤ 문제의 유형을 선택합니다.

왼쪽 상단에 대표 이미지도 등록해 두면 제작한 문제가 많아질 때 구분하기 쉽습니다.

## 3. 유형에 따라 문제 만들기

### 1) 퀴즈 유형

퀴즈 유형은 각 교과별 학습 문제를 만들 때나 어떤 한 주제에 대한 문제를 만들 때 사용할 수 있습니다.

아래의 예시들은 초등학교 3학년 사회 교과에서 3단원 교통과 통신 수단의 변화(8/15차시)를 가지고 활용해 본 것입니다.

### (1) OX형

① 질문을 기록합니다.

② 질문에 대한 미디어를 추가할 수 있습니다.

　(아이스크림 이미지, 아이스크림 동영상, 유튜브 검색, 내 PC 이미지 중에서 검색하여 필요한 자료삽입이 가능

　하며 문제 해설에 대해서도 동일한 기능이 있습니다.)

③ 정답에 체크를 해 둡니다.

④ 문제를 푸는 데 필요한 시간을 설정합니다.(10초 ~120초, 또는 '없음'으로 할 수도 있습니다)

⑤ 필요에 따라 문제에 대한 추가설명을 붙일 수 있습니다.

　모두 작성되면 하단의 '1번 문제 완료'를 선택합니다.

## (2) 선택형

선택형 문제에 아이스크림 이미지를 삽입한 것입니다. 선택지는 2개 이상 5개까지 입력 가능합니다. 복수정답 체크도 가능합니다.

### (3) 단답형

단답형은 답지에 예시 정답을 기록할 때 공백 포함 최대 12자까지 가능하며 엔터키로 추가 입력 가능합니다.

### (4) 빈칸형

'빈칸 내용을 입력하세요.'라고 되어 있는 란에 텍스트를 입력하면 바로 아래 미리 보기 영역에서 어떻게 문제가 출제되는지 확인할 수 있습니다.

'*'을 활용해 빈칸퀴즈로 낼 수도 있고, 초성만 쓰면 초성 퀴즈로도 가능합니다.

빈칸형은 '*' 나 초성을 입력한 개수만큼 초록색 네모 빈칸이 만들어집니다.

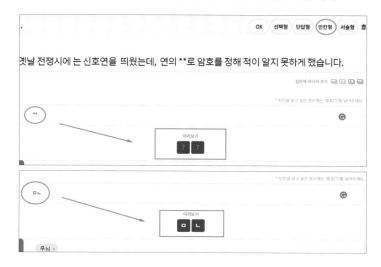

## (5) 서술형

서술형은 자동채점에서 제외됩니다.

5.                                          OX  선택형  단답형  빈칸형  (서술형)  🗑

옛날에 혼사(결혼)와 같은 중요한 소식을 전달하고 싶을 때는 어떤 방법으로 소식을 전달했는지 써 주세요.

질문에 미디어 추가 🖼 🎞 🎥 🎙

사람이 직접 가서 말로 전하거나 사람을 시켜 편지를 보냈어요.                                        ↻

* 서술형은 채점 대상이 아닙니다.

⊙ 제한시간    10  20  30  60  90  120  (없음)

⊙ 해설 (선택)

( 5번 문제 완료 )

## (6) 문제 편집 및 완료

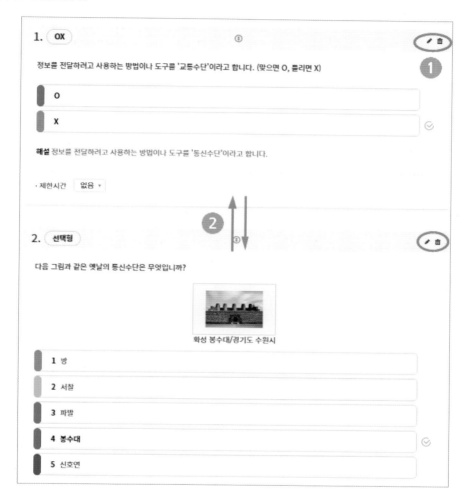

① 문제를 작성한 후에는 문제 수정 및 삭제를 할 수 있습니다.

② 문제를 드래그하여 원하는 곳으로 이동시키면 문제의 순서가 변경됩니다.

문제 작성이 다 끝난 후에는 우측 상단의 '완료'를 선택합니다. 작성 완료가 안 되었으면 '임시 저장'해 두었다가 나중에 이어서 작업을 하면 됩니다.


2) 토의·토론 유형

토의·토론 유형은 전반적인 학급경영을 할 때 학급 회의, 설문조사, 상담 활동 등 필요에 맞게 적절히 활용하면 좋은 유형이며 또한 학습 지도할 때에도 토의•토론형의 학습 상황이 있으면 구체적인 유형에 따라 적절하게 만들어 학습지도에 활용하면 좋습니다.

아래의 예시들은 초등학교 3학년 교과 내용으로, 이번 주 학습을 되돌아보는 차원에서 이번 주 교과 진도와 관련된 질문을 각 유형과 관련지어 만들어 활용해 본 것입니다.

**(1) 띵킹보드: 다양한 의견을 모을 때 사용합니다.**

① 질문을 입력합니다.

② 제한 시간을 설정합니다.

③ 의견게시는 참여자의 의견 노출 여부를 선택하는 기능으로, off를 선택하면 의견이 가려지고, on으로 할 때 서로의 의견을 볼 수 있게 됩니다.

④ 질문과 관련된 참고 이미지나 영상을 삽입할 수 있습니다.

※의견게시 주의사항: 비밀스러운 개인적인 이야기나 생각을 묻는 질문일 경우는 의견게시를 반드시 off로 해 두어야 안전한 답변 관리가 됩니다.(off 사용 예시 질문:나의 가장 큰 걱정은? 내가 짝을 하고 싶은 친구는? 등)

**(2) 찬성 반대 : 주장에 대한 찬성 또는 반대를 제시합니다.**

어떤 주장에 대해 자신의 의견을 찬성 또는 반대로 응답합니다.

'의견 받기'가 on일 경우 답변에 대한 이유까지 받을 수 있습니다.

**(3) 워드 클라우드 :** 결과 확인 시 많이 중복되는 의견일수록 더 큰 글자로 표시되므로 학생들이 어떤 생각에 많이 편중되어 있고 가장 많이 공감하고 있는 의견이 무엇인지 한눈에 쉽게 알 수 있습니다.

의견 제출 횟수는 1회에서 3회까지 가능합니다.

**(4) 가치 수직선 :** 주제에 대한 자신이 생각하는 가치의 정도를 응답합니다.

가치의 척도가 다섯 가지로 제시됩니다. 선택지 내용은 질문 내용에 따라 적절하게 수정할 수 있습니다.

## (5) 신호등 : 세 가지 선택지 중 자신의 의견 한 가지를 선택합니다.

선택지가 세 가지로 제시됩니다.

## (6) 투표 : 여러 가지 의견 중 자신의 의견을 투표합니다.

투표를 위한 선택지는 5개 만들 수 있습니다.

모든 유형에서 질문 또는 선택지는 영어로도 입력할 수 있습니다.

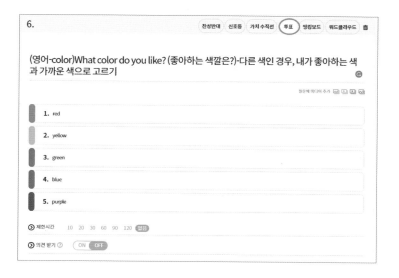

## 4. 만든 문제 확인하기

제작한 문제들은 보관함에 있습니다.

① 복사를 통해 동일한 문제를 하나 더 생성할 수 있습니다.

② 수정을 통해 만들어 놓은 문제를 재편집할 수 있습니다.

③ 점 세 개를 선택하여 삭제할 수 있습니다.

④ 플레이를 선택할 수 있습니다.

## 띵커벨 플레이하기

### 1. 함께 플레이하기

교실 수업 또는 실시간 원격수업에서 교사가 보여주는 화면의 질문을 보고 학생들은 자신의 디바이스로 정답을 선택하며 실시간으로 함께 플레이합니다.

- WiFi-on 모드: WiFi를 연결하여 개별 디바이스로 참여합니다. 결과 리포트가 제공됩니다.
- WiFi-off 모드: WiFi가 없거나, 개별 디바이스가 부족한 경우 PPT처럼 제공되어 함께 문제를 풀어갑니다. 배경음악과 타이머 조절이 가능하나 결과 리포트 기능은 없습니다. 문제는 띵커벨로, 답변은 학생이 손을 들거나 공책에 적는 방법으로 진행하면 됩니다.

WiFi-on 모드로 실행할 때는 다음과 같이 방 번호가 뜨게 됩니다. 스크린에 나타난 방 번호를 보고 학생들은 다음과 같은 순서로 퀴즈방에 들어오게 됩니다.

교사 스크린                                                                학생 디바이스

1) 학생 디바이스 인터넷 주소창에 tkbell.kr(①)을 입력하면 곧장 '띵커벨'로 들어갑니다.

만약 학생이 tkbell.kr을 아래같이 검색창에 입력한 경우에는 검색된 여러 주소 중에서 '띵커벨 방번호 입력' 이라고 적힌 주소를 찾아 선택하라고 안내해 줍니다.

2) 학생 화면이 띵커벨로 전환되면 교사 스크린에 있는 방 번호(②)와 자신의 닉네임을 모두 입력한 후 '입장하기'를 선택합니다.

3) 학생들이 모두 입장하면 교사는 교사 스크린 하단에 보이는 '시작하기'를 눌러서 띵커벨을 시작하면 됩니다.

또한 교사는 시작하기 전에 ③의 메뉴에서 여러 가지 설정을 선택할 수 있습니다.

여기에서 경쟁형을 선택하면 긴장감 넘치는 플레이가 가능합니다. 빠른 배경음악으로 바뀌고 자동으로 페이지가 넘어가며 실시간으로 순위 공개를 해줍니다. 선택지 보기와 질문 보기를 선택하면 학생들의 디바이스에서도 각 질문의 내용과 선택지 내용들을 즉시 볼 수 있어 좀 더 원활한 진행이 가능합니다. 그리고 필요에 따라 닉네임, 보너스 점수, 타이머, 배경음악, 문제 섞기, 선택지 섞기의 여부도 설정하여 문제 풀이를 하면 훨씬 활력있는 학습을 할 수 있습니다.


## 2. 혼자 플레이하기

학생의 디바이스에 질문과 답변이 제시되어 각자 기한 내에 자유롭게 플레이합니다.

- 과제 모드: 종료일을 설정하고, 과제 링크를 학생들에게 공유합니다.(결과 리포트가 제공됩니다.)
- 도전 모드: 퀴즈를 풀고 얻은 점수로 순위가 표시됩니다.(결과 리포트가 제공되지 않습니다.)

1) 과제 모드

과제 모드에서 다음과 같이 설정한 후에 학생들에게 URL을 제공해 줍니다. 학생들은 정해진 기간 내에 각자의 속도대로 문제를 풀고 제출하게 됩니다. 문제 마지막에 나오는 주소를 복사해 두면 과제 기간 만료 후 자신의 등수가 몇 등인지 확인할 수 있습니다.

① 과제종료일과 시간을 설정합니다.

② 타이머, 보너스 점수, 순위 공개, 문제 섞기, 선택지 섞기 여부를 설정합니다.

③ 닉네임 안내 문구를 설정합니다. 학번과 이름으로 바꾸어두면 퀴즈에 참여한 학생을 정확히 확인하고 피드백을 할 수 있습니다.

모두 상황에 맞게 설정이 되면 과제를 생성합니다.

과제 공유를 위해 URL과 방 번호를 복사한 다음 온라인 클래스나 문자, SNS를 통해 학생들에게 공지해 주면 과제 제시는 완료가 됩니다.

학생들이 교사가 보내준 링크를 클릭하면 자동으로 방 번호가 입력되므로 닉네임만 입력하고 입장하여 문제를 풀면 됩니다.

## 2) 도전 모드

① 공유를 통해 URL을 복사하여 학생들에게 공지해 줍니다.

　학생들은 받은 URL을 통해 도전 모드로 들어옵니다.

② 도전하기를 선택합니다.

③ 닉네임을 기록하고 '시작하기'를 눌러서 문제 풀기를 시작합니다.


　학생들이 문제를 다 풀고 나면 나중에 순위가 나오고 다시 도전하기도 할 수 있습니다. 다시 도전하기를 할 때는 이미 사용한 이름이 아닌 다른 닉네임을 사용해야 합니다.

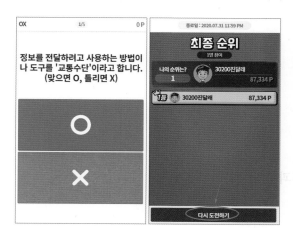

다음은 띵커벨 교실수업 장면입니다.

〈학습 내용: 3학년 1학기 22주차 학습 내용 정리, 토의·토론 유형 〉

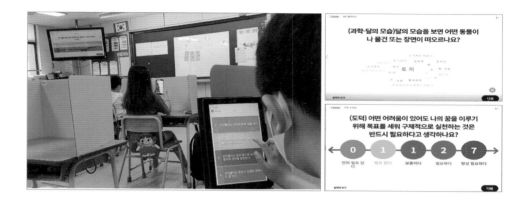

## 띵커벨 리포트 확인하기

모든 결과는 리포트에서 확인할 수 있습니다. 학생들의 과제 참여 기간이 끝난 후 문제 풀이 결과를 확인하고 이를 바탕으로 학습지도에 활용할 수 있습니다.

리포트에 들어가서 과제 참여 기간이 만료된 해당 파일을 다운로드합니다.

■ 개요

| | | |
|---|---|---|
| 1 | 제목 | 옛날 사람들이 통신수단을 이용했던 모습 |
| 2 | 참여 기간 | 2020.07.23 10:15 PM ~ 2020.07.25 11:00 PM |
| 3 | 진행자 ID | joyjoi |
| 4 | 구분 | 퀴즈 |
| 5 | 참여자 수(명) | 19 |
| 6 | 총 문제 수 | 5 |

■ 문제별

| No. | 유형 | 질문 | 정답률(%) |
|---|---|---|---|
| 1 | OX | 정보를 전달하려고 사용하는 방법이나 도구를 '교통수단'이라고 합니다. (맞으면 O, 틀리면 X) | 63.2 |
| 2 | 선택형 | 다음 그림과 같은 옛날의 통신수단은 무엇입니까? | 73.7 |
| 3 | 단답형 | 옛날에 어떤 일을 널리 알리려고 사람들이 많이 모이는 곳에 써 붙이는 글을 무엇이라고 하나요? (힌트 :한 글자, 초성 | 68.4 |
| 4 | 빈칸형 | 옛날 전쟁시에 는 신호연을 띄웠는데, 연의 **로 암호를 정해 적이 알지 못하게 했습니다. | 36.8 |
| 5 | 서술형 | 옛날에 혼사(결혼)와 같은 중요한 소식을 전달하고 싶을 때는 어떤 방법으로 소식을 전달했는지 써 주세요. | - |

■ 학생별

| 순위 | 닉네임 | 참여 시간 | 총 점수 | 정답률(%) |
|---|---|---|---|---|
| 1 | | 2020.07.24 03:08 PM | 89.670 | 100 |
| 2 | | 2020.07.24 11:47 AM | 89.261 | 100 |
| 3 | | 2020.07.24 08:18 PM | 89.207 | 100 |
| 4 | | 2020.07.24 11:40 PM | 89.059 | 100 |
| 5 | | 2020.07.24 11:39 AM | 66.080 | 75.0 |
| 6 | | 2020.07.24 09:45 PM | 65.931 | 75.0 |
| 7 | | 2020.07.24 08:12 PM | 65.753 | 75.0 |
| 8 | | 2020.07.24 12:58 PM | 65.489 | 75.0 |

엑셀로 다운로드 됩니다.

문제에 대한 전체 개요와 함께 문제별 정답률, 학생별 이름과 함께 정답률이 표시됩니다.

| ThinkerBell | 질문 1 | | | 질문 2 | | | | |
|---|---|---|---|---|---|---|---|---|
| | (국어 독서단원) 최근에 자신이 재미있게 읽었던 책 이름을 하나 소개해 주세요. | | | (사회-통신수단) '오늘날의 통신 수단 중 스마트폰 사용은 좋은 점보다 나쁜 점이 더 많다' 는 의견에 찬성하나요? | | | | (과학 |
| | 띵킹보드 | | | 찬성반대 | | | | |
| 닉네임 | 응답 | none | 의견 | 찬성한다 | 반대한다 | none | 의견 | |
| | 1 | | HOW SO?음식과 건강 | 1 | | | 눈이 나빠지고 게임을 하면 폭력이 가해지기 때문에 주변 사람들이 다칠 수 있다 그리고 [illegible] | |
| | 1 | | 제로니모의 환상모험 | 1 | | | 반대한다를 잘못 눌렀다 | |
| | 1 | | 고릴라는 엄마를 좋아해 | 1 | | | 눈이 나빠진다 | |
| | 1 | | 장화홍련 | | | 1 | | |
| | 1 | | 시인 | 1 | | | 음란물에 노출될 수 있기 때문입니다. | |
| | 1 | | 알사탕 | | 1 | | 편리하게이야기 할수있다. | |
| | 1 | | 숨어!숨어! | | 1 | | 스마트폰 중독!<br>게임중독! | |
| | 1 | | 작고빠른벨로시랩터 | 1 | | | 눈이나빠진다 | |
| | 1 | | 꼬꼬야 달려 | 1 | | | 휴대폰을마니보면거북목이됩니다 | |
| | 1 | | [illegible] | | 1 | | [illegible] | |
| | 1 | | 생쥐와고양이 | 1 | | | 그냥 | |
| 응답 인원(명) | 11 | 0 | | 7 | 3 | 1 | | |
| 응답률(%) | 100 | 0 | | 63.6 | 27.3 | 9.1 | | |

토의·토론형 퀴즈의 경우, 리포트를 다운로드하면 각 학생별 문제의 응답 내용이 표로 정리되어 나옵니다.

# 카훗(Kahoot)

## 카훗 시작하기

### 1. 회원 가입하기

인터넷 주소창에 '카훗'을 입력하여 검색합니다. 그리고 'Kahoot.com'을 선택합니다.
카훗 홈페이지에 들어오면 다음의 절차를 따라 회원가입을 합니다.

① 오른쪽 상단의 sign up을 선택합니다.

② 계정 유형으로 'Teacher'를 선택합니다.

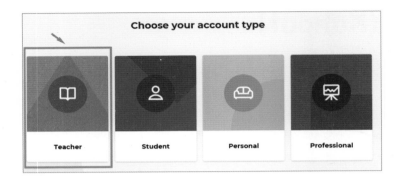

③ 직장 유형으로 'School'을 선택합니다.

④ 이메일, 비밀번호를 입력하고 Sign up을 선택합니다.
　　구글이나 마이크로소프트 계정으로도 가입할 수 있습니다.

⑤ 환영 메시지가 뜨면 몇 가지 정보 즉 이름, 국적, 학교명을 입력 후 저장합니다.

홈으로 입장하면 'Settings'(설정)에서

① 개인 프로필 등의 정보 변경을 할 수 있습니다.

② 언어를 한국말로 변경해 둡니다.

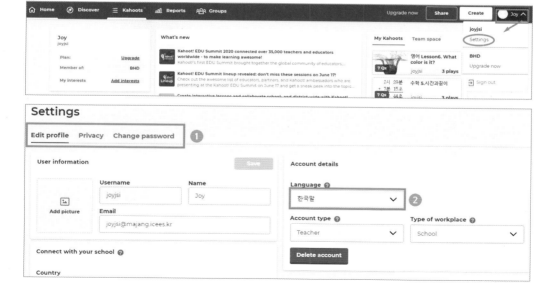

## 2. 홈 메뉴 간단 이해

퀴즈 만들기를 위한 기본 중심 메뉴에는 Discover, Kahoots, Reports 가 있습니다.

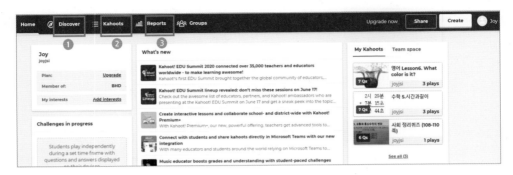

### 1) Discover

기존에 제작된 수많은 퀴즈가 있는 곳입니다. 검색창에 주제를 입력 후 적절한 퀴즈를 찾아 복사하여 수정, 변경함으로 나의 퀴즈로 재사용할 수 있습니다.

## 2) Kahoots

퀴즈를 제작하고 편집하는 곳입니다.

① 내가 만든 퀴즈들이 한눈에 보입니다.

② 각 퀴즈마다 Play나 Edit을 통해 실행 또는 수정을 할 수 있습니다.

③ 점 세 개를 누르면 퀴즈복사, 삭제, 공유 등을 할 수 있습니다.

④ 새로운 퀴즈 만들기를 시작할 때마다 'Create'를 선택합니다.

⑤ 퀴즈 제작 중 임시저장한 미완료 퀴즈들이 모여있습니다.

## 3) Reports

학생들의 퀴즈 풀이 완료 또는 진행 중인 퀴즈들이 보이며 참여 인원, 진행 상황 등을 볼 수 있고 각 퀴즈를 클릭하면 문제별, 학생별 풀이 결과에 대한 더욱 자세한 자료를 얻을 수 있습니다.

## 카훗 퀴즈 만들기

### 1. 새 퀴즈 생성하기

① 새로운 퀴즈 만들기를 위해 오른쪽 상단의 'Create'를 선택합니다.

② New Kahoot을 선택합니다.

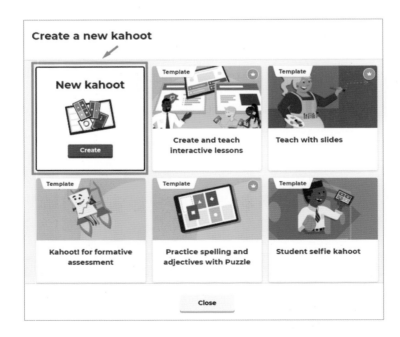

## 2. 퀴즈 개요 작성하기

전체적인 개요를 작성하기 위해 'Settings'을 선택합니다.

개요작성은 다음과 같은 항목을 포함합니다.

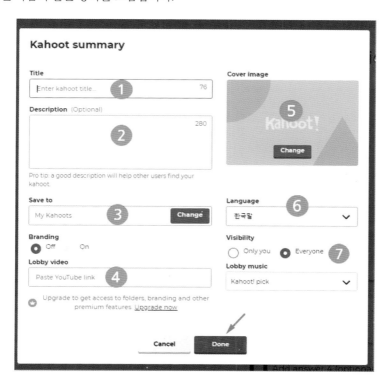

① 퀴즈 제목 입력

② 설명추가

③ 저장소

④ 로비 동영상(시작 전에 학생들이 기다리며 볼 수 있는 영상을 넣을 수 있음)

⑤ 대표 이미지 삽입

⑥ 언어'한국말' 선택

⑦ 'Everyone' 선택

마지막에 'Done'(완료)을 선택합니다.

## 3. 퀴즈 만들기

본격적으로 퀴즈를 만들어 봅시다.

① 질문 내용을 입력합니다.

② 문제 풀이 제한 시간을 설정합니다.

③ 문제에 대한 배당 점수를 설정합니다.

④ 단수정답 또는 복수정답(정답이 한 개 이상일 경우)을 선택할 수 있습니다.

⑤ 관련 이미지 또는 동영상 삽입(유튜브 링크)을 할 수 있습니다.

⑥ 선택지 보기를 기록합니다.(4지 선다형, 최소 2개 이상 입력)

　　각 선택지마다 이미지 삽입도 가능합니다.

⑦ 마지막에 정답에 해당하는 선택지에는 반드시 체크 표시를 해 두어야 합니다.

## 4. 문제 추가하기

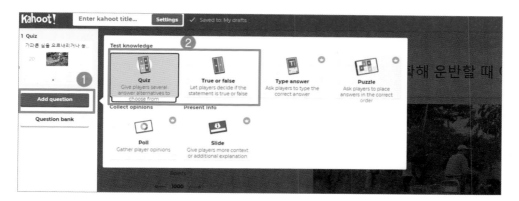

① 'Add Question'을 선택하여 문제를 추가합니다.

② 만들 문제의 유형이 나타납니다. 무료 버전에서는 기본 퀴즈형과 O, X 퀴즈형 두 가지만 사용이 가능합니다.

## 5. 문제 편집하기(복사, 삭제, 순서 변경)

① 문제를 복사하여 같은 유형의 문제를 이어서 만들 수 있습니다.

② 문제 삭제 기능을 선택하여 필요 없는 문제를 삭제합니다.

③ 한 문제를 선택하여 원하는 곳으로 드래그하면 문제 순서를 바꿀 수 있습니다.

　마지막에 우측 상단의 'Done'(완료)을 선택합니다.

문제 제작이 완료된 후에는 My Kahoots 에서 해당 퀴즈를 찾아 'Edit'을 통해 수정하거나 'Play' 할 수 있습니다. 또한 해당 퀴즈를 선택하면 구체적인 문제들을 한눈에 볼 수 있게 되어 있는데 여기에 서도 'Edit'을 하거나 'Play'를 시킬 수 있습니다.

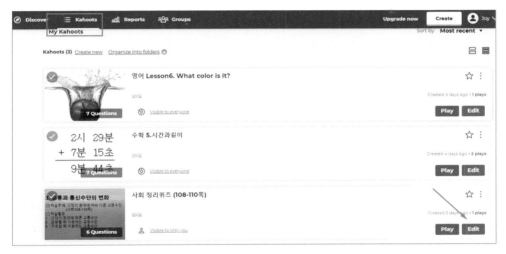

## 6. 테스트해 보기

퀴즈 만들기 완료 후에 제시되는 창에서 테스트해 보기를 선택합니다.

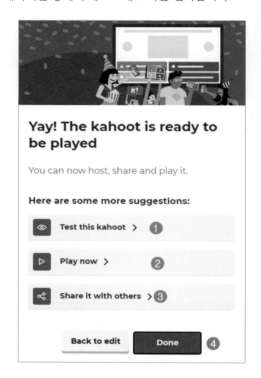

① 테스트해 볼 것인가?

   –가상의 교사 모니터와 학생 디바이스가 동시에 나타나 어떻게 퀴즈 풀이가 진행되는지 한눈에 미리 보기로 확인해 볼 수 있습니다.

② 지금 즉시 플레이할 것인가?

   –실시간 실행 또는 과제형으로 제시를 할 수 있습니다.

③ 다른 사람과 공유할 것인가?

테스트를 위해 ①을 선택하고 'Done'을 선택합니다.

만들어 놓은 퀴즈가 제대로 잘 실행되고 내용이나 흐름이 적절한지 테스트하기 위해 ① 'Test this kahoot'을 선택하면 다음과 같이 학생 화면과 교사 화면이 동시에 나타납니다.

① 학생들은 주소 'Kahoot.it'을 인터넷 주소창에 치고 들어옵니다.
학생들이 자신의 디바이스의 ③에 ②의 핀 번호를 보고 입력합니다.

학생들이 핀 번호를 입력한 후 자신의 닉네임을 차례로 입력하면 교사 화면에 이름이 뜨면서 입장하게 됩니다. 학생들 입장이 다 확인되면 교사는 오른쪽에 'Start'를 선택하여 퀴즈를 시작합니다. 문제를 풀 때 학생들의 디바이스에서 보이는 모습은 아래그림에서 왼쪽과 같습니다.

선택지의 보기 내용이 표시가 되지 않으므로 학생들은 교사의 화면(오른쪽)를 통해 문제와 선택지 등의 정보를 확인합니다. 그리고 정답이라고 판단되는 것을 자신의 디바이스에서 색깔이나 도형의 모양으로 선택합니다.

문제를 풀 때마다 정답과 각 선택지별 응답 수가 표시되고 학생의 화면에는 점수가 표시됩니다. 'Next'를 누르면 누적된 점수와 순위를 확인하게 되고 다 끝난 후에는 최종 순위도 표시됩니다.

## 카훗 실행하기

퀴즈 만들기가 완료되면 곧바로 뜨는 창에서 'Play now'를 선택하여 이 퀴즈를 실행할 수도 있고 카훗 전체 메뉴로 들어갔을 경우 그곳에서 해당 퀴즈에 대해 Play를 선택하여 실행시킬 수도 있습니다.

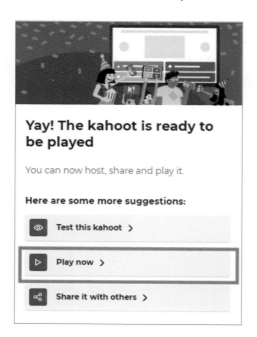

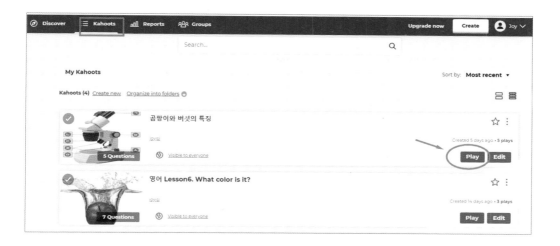

Play 방법에는 'Teach'와 'Assign' 두 가지가 있습니다.

① Teach : 지금 현재 실시간으로 게임 진행하는 방법(Live Game)

② Assign : 과제로 제시하는 방법(Challenge Game)

## 1. Teach(실시간 Play)

Teach는 교실수업과 실시간 원격수업 같은 상황에 활용할 수 있습니다. 진행 방법은 퀴즈를 만든 후 '테스트해보기'에서 미리 보기 한 것과 같은 방식으로 진행됩니다. 다만 시작 전에 다음과 같이 몇 가지 필요한 설정을 선택할 수 있습니다.

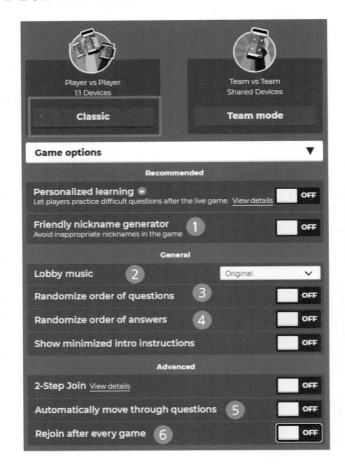

- Classic: 개별 플레이
- Team mode: 팀플레이

Classic을 선택하여 개별 플레이를 하게 하면 참여도를 높일 수 있습니다.

① 닉네임 자동 생성기는 off로 해두고 실명을 쓰도록 하는 것이 좋습니다.

② 시작 전 음악을 선택합니다.

③ 각 학생별로 보이는 질문 순서를 섞어 줄 수 있습니다.

④ 각 학생별로 선택지 보기의 순서도 다르게 보이도록 할 수 있습니다.

⑤ 질문이 자동으로 넘어가게 합니다.

⑥ 게임 후에 다시 참여할 수 있게 해줍니다.


카훗을 활용한 교실수업 장면입니다.

〈학습 내용: What color is it?(3학년 영어)〉

다음은 실시간 원격학습 장면입니다.

〈학습 내용: 곰팡이와 버섯의 특징(5학년 과학)〉

자신이 만들어 놓은 카훗 퀴즈를 다른 교사와 공유하여 사용할 수 있습니다. 동료 교사에게 링크를 전달하고 공유받은 교사가 이를 수정하여 사용하거나 본인의 수업에 그대로 적용해 볼 수 있습니다. 제작한 퀴즈 공유를 통해 동료 교사가 지도한 모습입니다.

## 2. Assign(과제 제시로 Play)

과제 제시로 실행할 때는 다음과 같이 진행됩니다. 과제 제시를 위해 다음과 같은 설정을 해 두고 관련 링크와 핀 번호를 온라인 클래스에 공지하거나 SNS 등을 통해 전달해 줄 수 있습니다.

① 날짜와 시간을 설정합니다. 설정한 날까지 참여 가능합니다.

② 타이머 작동 여부를 선택합니다.

③ 학생마다 선택지 보기 순서를 무작위로 바꾸게 할지 여부를 선택합니다.

④ 닉네임을 자동으로 만들어주는 장치 사용 여부를 선택합니다. 닉네임 자동 만들기는 Off로 해 두고 닉네임을 '학번 이름'으로 쓰게 하면 나중에 결과 확인 시 해당 학생이 누구인지 쉽게 구분할 수 있습니다.

⑤ 설정이 끝나고 'Create'를 선택하여 설정을 완료합니다.

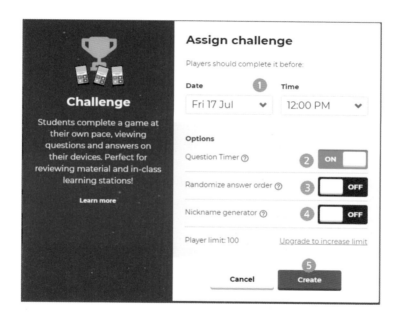

학생들에게 안내를 위해 다음 두 가지를 복사해 둡니다.

① 링크 주소를 복사합니다. 이 주소를 통해 학생이 접속할 때는 핀 번호를 입력하지 않아도 곧장 입장이 가능합니다.

② 핀 번호를 복사합니다. 위의 Challenge 링크 주소를 통해서가 아닌 'Kahoot.it'을 별도로 검색해서 들어올 때 핀 번호를 입력해야만 입장이 가능합니다.

## 카훗 결과 확인하기

참여한 학생들이 퀴즈를 다 풀고 나면 그 결과를 'Reports'에서 확인할 수 있습니다. 이곳에 가면 완료되었거나 진행 중인 퀴즈들이 한꺼번에 보입니다. 이 중에서 내가 결과를 보고 싶은 퀴즈를 다음과 같이 들어가 확인합니다.

①의 점 세 개를 선택하여 ②의 'Open' 또는 ③의 'Open Reports'를 선택하면 구체적인 결과를 볼 수 있습니다.

# 1. Summary(결과 요약)

① 전체 정답률 ② 참여 학생 수 ③ 어려웠던 질문 ④ 도움이 필요한 학생 이름과 정답률
⑤ 퀴즈를 잘 풀지 못한 학생들을 확인해 볼 수 있습니다.

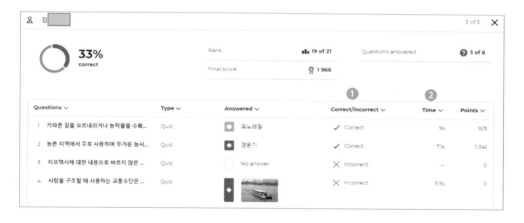

부진한 학생을 클릭해 보면 해당 학생의 ①문제별 정답과 오답 상황 ②문제 푸는 데 걸린 시간 등이 자세히 표시됩니다.

## 2. Players(참여자별 결과)

퀴즈에 참여한 각 학생에 대한 풀이 결과(학생 이름, 순위, 성취도, 점수)를 자세히 파악해 볼 수 있습니다. 이곳에서도 각 학생을 선택해서 학생별 자세한 결과 확인이 가능합니다.

## 3. Questions(문제별 결과)

각 문제별 정답률도 표시되어 어려운 문제와 쉬운 문제를 한눈에 확인할 수 있습니다. Report Options에서 다운로드나 출력도 할 수 있습니다.

PART
02

INTERNET

ARN

SKILLS

URSES

GOALS

# 온택트
# 수업에서의
# 상호작용 도구

## 들어가며

　Zoom과 같은 실시간 온라인 수업에서 교사와 학생, 학생과 학생간에는 어떻게 상호작용을 할까요? 실제로 실시간 온라인 수업을 할 때에는 학생들의 마이크를 모두 음소거하고 교사의 오디오만 켜서 수업을 하는 경우가 많습니다. 모두의 오디오를 켜고 자유롭게 대화하듯 의사소통하는 것이 이상적이겠지만, 학생들의 집에서 나는 여러 가지 소리가 수업을 듣는 다른 학생들에게 고스란히 전달되기도 하고, 동시에 여러 소리들이 서로 겹쳐서 말하는 내용을 알아듣기 어렵기 때문입니다. 이 때문에 학생들과 상호작용을 해야 할 때만 교사가 한 명씩 오디오 사용을 허용해 주며 차례대로 발표를 진행하는데 상당히 많은 시간이 소요됩니다.

　대안으로 실시간 수업을 하며 채팅을 동시에 사용하기도 하지만 먼저 쓴 채팅 글은 위쪽으로 밀려나서 찾기가 어렵습니다. 특히 다수의 인원이 참여하는 경우에 의견 교환이 쉽지 않고 사진, 영상 등의 자료를 공유하는 데도 한계가 있습니다.

　교실 수업도 마찬가지입니다. 거리 두기로 인해 모둠 활동과 짝 활동을 자제하다 보니 학생 참여형 수업을 진행하는 데에 많은 제한이 있습니다. 학급 홈페이지나 SNS에 학생들의 의견이나 자료를 올릴 수 있지만, 단편적인 자료의 업로드만 가능할 뿐, 모둠이나 학급 전체의 협업은 어렵습니다. 그렇다면 교사-학생, 학생-학생 간의 원활한 상호작용을 도와줄 수 있는 방법은 없을까요?

　담벼락에 포스트잇을 붙이듯 포스트를 게시하며 상호작용할 수 있는 '패들렛', 설문, 투표, 워드 클라우드 등 많은 학생들의 의견을 한눈에 볼 수 있게 해 주는 '멘티미터'와 같이 온택트 시대에 활용할 수 있는 쉽고 다양한 수업 도구가 있습니다.

온택트[1] 시대 이전에는 전지나 화이트보드에 의견을 모으고, 자료를 수집 활용하여 발표자료를 제작했다면, 이제는 다양한 툴을 사용하여 의견 수렴부터 자료 제작, 공유 등을 온라인상에서도 쉽게 할 수 있습니다. 각 툴의 사용법과 장단점을 살펴보며 실제 수업에서도 쉽게 활용해 봅시다.

1) 온택트(Ontact) : 비대면을 일컫는 '언택트(Untact)'에 온라인을 통한 외부와의 '연결(On)'을 더한 개념으로, 온라인을 통해 외부활동을 이어가는 방식

# 01

# 패들렛(Padlet)

## 회원 가입하기

### 1. 회원 가입 및 로그인하기

패들렛은 메모판이나 칠판에 포스트잇 노트를 붙이는 것처럼 누구나 쉽고 자유롭게 포스트를 추가하며 상호작용할 수 있는 프로그램입니다. 단순한 메모만이 아니라 사진, 동영상, 링크 등도 업로드할 수 있으며 서식들을 활용하여 다양한 방법으로 협업할 수 있습니다. 패들렛을 사용하기 위해서 먼저 패들렛(ko.padlet.com)에 접속하여 가입합니다.

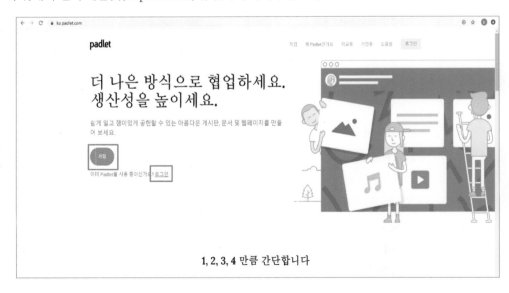

Google, Microsoft, Apple 계정으로 쉽게 가입할 수 있습니다. 교사가 담벼락(패들렛)을 만들어서 학생들에게 공유하면 학생들은 계정 생성이나 로그인 없이도 작업이 가능합니다. 스마트폰이나 태블릿에 패들렛 애플리케이션을 설치하여 작업할 수도 있습니다.

## 2. 패들렛(Padlet) 간단 이해

패들렛은 크롬을 통해서 접속하면 더욱 원활하게 이용할 수 있습니다. 무료 계정의 경우 세 개의 패들렛을 만들 수 있습니다. 여러 반을 가르치는 교과 전담이나 중등 교사의 경우 제한된 패들렛 수와 용량에 불편함을 느낄 수 있는데 이런 경우 한 달에 만원 정도인 유료 계정으로 전환하면 무제한으로 패들렛을 생성하고 확장된 기능을 사용할 수 있습니다.

결제 없이 무료 계정으로 알차게 사용하고 싶다면 'archived'(기록보관)와 '내보내기'를 이용해서 사용을 마친 패들렛을 전환하고 새로운 패들렛을 다시 만들 수 있습니다. 다만, '내보내기'를 한 경우에는 이미지나 pdf 파일로 저장되기 때문에 결과물은 보관할 수 있지만 패들렛 게시판에서 다시 활동할 수는 없습니다.

사용 중인 구글 계정 두 개로 패들렛에 각각 가입하면 여섯 개의 패들렛을 사용할 수 있습니다. 여러 개의 무료 계정을 사용하는 경우 사용한 패들렛을 저장하고 지우는 번거로움을 조금 줄일 수 있습니다. 먼저, 패들렛 홈 화면의 구성을 알아보겠습니다.

① 패들렛 만들기 : 새로운 패들렛을 생성할 수 있습니다.

② 패들렛에 가입 : 패들렛 주소를 입력하여 다른 사람의 패들렛에 들어갈 수 있습니다.

③ 갤러리 : 패들렛을 활용할 수 있는 다양한 예시들을 볼 수 있습니다. 이 예시 패들릿을 '리메이크'하여 디자인 복사하기를 하면 나의 패들렛으로 가지고 와서 활용할 수 있습니다.

④ 업그레이드: 유료 계정으로 전환할 수 있습니다.

⑤ Archived : 보관함으로 보낸 패들렛을 확인할 수 있습니다.(유료 계정만 복구 가능)

## 1. 담벼락 서식 선택하기

패들렛 만들기를 하면 먼저, 담벼락(패들렛)의 기본 서식을 선택해야 합니다. 서식은 포스트 작성 중 또는 작성 후에도 자유롭게 변경이 가능합니다.

① 벽: 벽돌 형식의 레이아웃입니다. 작성된 포스트는 공백 없이 자동으로 정렬되며 순서나 위치를 드래그하여 자유롭게 조정할 수 있습니다.

② 캔버스: 포스트를 작성하고 포스트끼리 연결선을 이용하여 묶거나 연결할 수 있습니다. 생각 그물(마인드 맵)을 만들거나 포스트를 순서, 흐름에 맞게 정리할 때 사용할 수 있습니다.

③ 스트림: 포스트가 위에서 아래로 순서대로 나열됩니다. 가장 깔끔하고 간결하지만 콘텐츠가 많아질 경우 위, 아래쪽의 포스트를 한눈에 확인하기 어렵다는 단점이 있습니다.

④ 격자: 벽 서식과 비슷하지만 포스트를 가로로 놓인 박스 안에 정렬합니다. 일정한 위치에 포스트가 들어가기 때문에 포스트 사이에 여백이 생기지만 깔끔하게 배치된다는 장점이 있습니다.

⑤ 선반: 세로 방향으로 나누어진 공간에 각각 포스트를 게시할 수 있습니다. 모둠별 협업시 가장 유용하게 사용될 수 있는 서식입니다.

⑥ 백채널(온라인대화): 채팅방에서 채팅을 하듯이 상호작용할 수 있는 서식입니다.

⑦ 맵(지도): 지도 위에 핀을 놓고 포스트를 추가할 수 있습니다. 지도는 자유롭게 확대, 축소가 가능하며 지리나 세계사 등의 수업에 활용할 수 있습니다.

⑧ 타임라인(연표): 타임라인 위에 포스트를 작성할 수 있습니다. 역사 시간에 연표 만들기, 또는 진로 활동에서 나의 연표 만들기 등의 활동을 할 때 사용할 수 있습니다.

## 2. 패들렛 수정하기

처음 패들렛을 생성하면, 패들렛의 제목, 설명, 배경 등이 임의로 설정되어 있으며 수정하기 항목이 오른쪽에 자동으로 제시됩니다. 수정 후 '다음' 버튼을 눌러 양식을 수정할 수 있습니다.

패들렛 활용 중에도 언제든지 패들렛 오른쪽 상단의 톱니바퀴를 눌러 '수정하기'를 사용할 수 있습니다. 수정할 수 있는 항목은 아래와 같습니다.

① 제목

② 설명

③ 아이콘(제목 앞쪽에 붙는 아이콘 설정)

④ 주소(패들렛 공유 주소)

⑤ 배경

⑥ color scheme(색상 양식)

⑦ font(글꼴)

⑧ 특성(각 포스트의 작성자명 표시 여부)

⑨ 새 포스트 위치

⑩ 댓글(각 포스트에 댓글 허용 여부)

⑪ 반응(좋아요, 별점, 투표 등)

⑫ 승인 필요 여부

⑬ 금지어 설정 여부

## 3. 패들렛 서식별 활용 예시

### 1) 벽 서식

벽 서식은 벽면에 자유롭게 메모지를 붙이는 것처럼 사용이 가능한 패들렛 서식입니다. 포스트를 작성하면 자동으로 여백 없이 배열되며 드래그하여 순서를 조정할 수 있습니다. 포스트를 드래그하면 포스트의 순서가 숫자로 표시되는 것을 볼 수 있습니다.

오른쪽 하단의(+) 버튼을 눌러서 새 포스트를 작성할 수 있습니다. 작성 후 패들렛의 빈 공간을 클릭하면 자동으로 포스팅 됩니다.

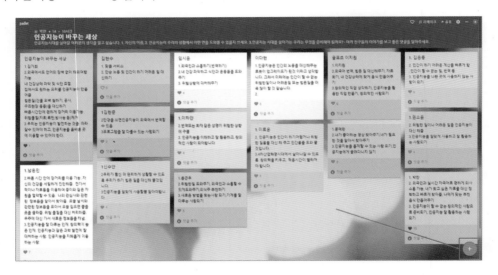

학생들과 수업에 사용 시 제목에 학생의 반, 번호, 이름을 쓰게 하면 로그인하지 않고 링크나 QR 코드 등을 통해 접속하여 이용하더라도 학생별 게시물을 구분할 수 있습니다.

포스트 작성을 하기 위해 다양한 기능들을 사용할 수 있습니다. 자주 사용하는 몇몇 기능들은 포스트 하단에 아이콘으로 제시되어 있지만 '추가 활동(⋯)' 아이콘을 클릭해서 그 외의 기능들을 살펴보고 활용할 수 있습니다.

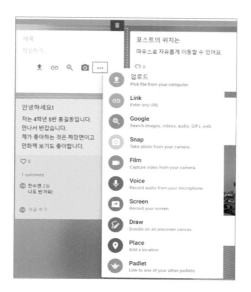

① 업로드: 컴퓨터에 있는 파일을 포스트에 업로드 할 수 있습니다.

② 링크: URL을 붙여넣기 해서 사진, 동영상, 파일 등을 공유할 수 있습니다.

③ 구글: 이미지, 동영상, 오디오, 웹 검색 결과 등을 바로 검색해서 게시할 수 있습니다.

④ 스냅: 카메라로 사진을 촬영합니다.(스마트폰, 태블릿, 웹캠 등을 이용)

⑤ 필름: 카메라로 동영상을 촬영합니다.

⑥ 보이스: 마이크로 오디오를 녹음합니다.

⑦ 스크린: 사용자의 화면을 녹화합니다.(크롬 확장 기능이 필요)

⑧ 드로우: 마우스로 자유롭게 그림을 그려서 게시할 수 있습니다.

⑨ 플레이스: 구글 맵으로 장소를 검색하여 위성 사진, 지도 등을 게시할 수 있습니다.

⑩ 패들렛: 다른 페들렛과 연결할 수 있습니다.


①~⑩의 기능들을 활용하여 패들렛에 포스팅 해보세요.

2) 캔버스 서식

캔버스 서식을 사용하면 포스트를 작성하고, 연결선을 이용하여 포스트끼리 묶거나 연결할 수 있습니다. 생각 그물(마인드 맵)을 만들거나 순서, 흐름에 맞게 포스트를 정리할 때 유용하게 사용할 수 있습니다.

① 포스트를 작성하고 포스트 위에 마우스를 갖다 대면 게시물 편집, 게시물 삭제, 추가 활동 아이콘이 뜹니다. 작성한 포스트의 '추가 활동(…)' 아이콘을 클릭합니다.

② '포스트에 연결'을 선택합니다.

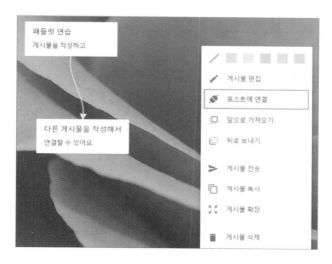

③ 선택한 포스트를 제외한 나머지 포스트에 '연결' 버튼이 활성화됩니다. 연결하고 싶은 포스트의 '연결' 버튼을 선택합니다.

④ 처음 포스트와 선택한 포스트 사이에 연결선이 생성됩니다. 포스트의 위치를 조정하면 연결선과 화살표도 자동으로 조정됩니다.

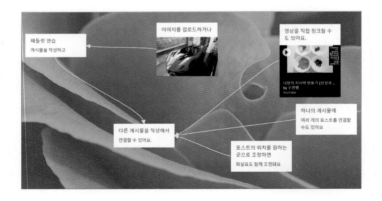

한 포스트에 여러 개의 포스트를 연결할 수도 있고, 벽 서식과 마찬가지로 링크, 업로드 등의 다양한 기능을 사용할 수 있습니다. 포스트는 드래그하여 위치를 자유롭게 조정할 수 있습니다. 마인드 맵 만들기, 플로우 차트 작성, 연관 짓기 등의 수업에 활용할 수 있습니다. 또한 모둠원들

이 자유롭게 의견이나 자료를 모으고 분류할 때 분류 기준을 세워서 연결선으로 묶어보는 활동
도 할 수 있습니다.


### 3) 선반 서식

선반 서식은 세로로 된 선반에 물건을 가지런히 정리하듯 포스트를 세로로 배열할 수 있는 서식입
니다. 모둠 활동에 가장 유용한 서식으로, 교사가 활동 전 행을 추가하여 모둠명 또는 학생 명을 미
리 써주면 학생들은 패들렛에 들어와 자신이 해당하는 모둠의 선반에 포스트를 추가할 수 있습니다.

'Name your first column'에 선반(기둥)의 제목을 작성해 줍니다. 모둠 활동을 할 경우 모둠 번호
나 모둠명을 쓰고 '저장' 버튼을 눌러줍니다. 첫 번째 선반의 제목을 작성한 뒤 저장하면 오른쪽
에 '행 추가' 버튼이 생성됩니다.

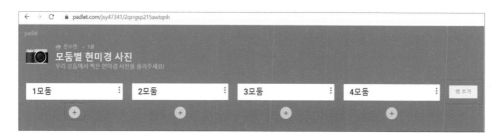

'행 추가' 버튼을 누르면 오른쪽에 새로운 선반을 추가할 수 있습니다. 모둠 수만큼 행을 추가한 다음 모둠 이름으로 선반을 만들어 주면 학생들은 각 모둠 하단의(+) 버튼을 눌러서 새 포스트를 작성할 수 있습니다. 작성 후 패들렛의 빈 공간을 클릭하면 자동으로 포스팅됩니다.

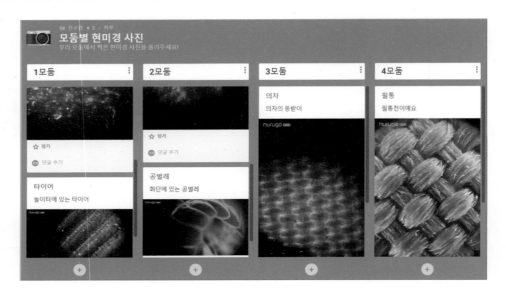

## 4. 패들렛 공유하기, 내보내기, 삭제하기

### 1) 패들렛 공유하기

학생들과 같이 활동하기 위해서는 교사의 패들렛 담벼락에 학생들이 접속할 수 있어야 합니다. 패들렛 오른쪽 상단의 '공유' 또는 '더 보기(…)' 아이콘을 클릭하여 학생들에게 다양한 방법으로 공유할 수 있습니다.

학생들에게 공유하고 싶은 패들렛 오른쪽 상단의 '공유'를 클릭합니다.
'더 보기(⋯)'를 클릭한 뒤 '공유 또는 삽입'을 선택할 수도 있습니다.

채팅방이나 학급SNS를 통해 링크를 공유하고 싶다면 '클립보드로 링크 복사'를 선택한 뒤 원하는 곳에 붙여넣을 수 있습니다.

교실에서 활동할 때 학생들이 스마트 기기를 이용하여 바로 접속하기 위해서는 링크보다는 'QR 코드 받기'를 선택하여 QR코드를 활용하는 것이 간편합니다.

학급에서 구글 클래스룸을 사용 중이라면 'Google Classroom에서 공유'를 선택하면 패들렛 계정과 동일한 계정에서 사용 중인 구글 클래스룸에 바로 공유가 가능합니다.

## 2) 패들렛 내보내기

패들렛으로 활동한 결과물을 이미지, PDF 등의 파일로 저장하거나 인쇄할 수 있습니다. '패들렛 공유하기'와 마찬가지로 패들렛 오른쪽 상단의 '공유' 또는 '더 보기(…)' 아이콘을 클릭하여 내보내기를 할 수 있습니다.

내보내기 하고 싶은 패들렛 오른쪽 상단의 '공유' 또는 '더 보기(…)'를 클릭한 뒤 '내보내기'를 선택합니다.

원하는 확장자를 선택하여 파일로 저장하거나 바로 인쇄를 할 수 있습니다.

'PDF로 저장'을 선택하면 용지 크기와 방향을 선택하는 창이 생성됩니다. 용지 스타일을 선택한 뒤 'PDF 발행'을 클릭하면 패들렛이 PDF로 저장됩니다.

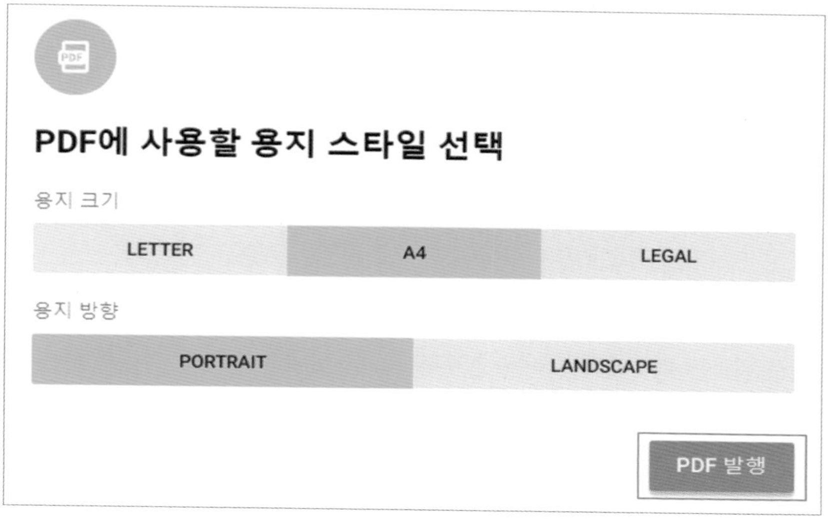

**PDF에 사용할 용지 스타일 선택**

용지 크기

| LETTER | A4 | LEGAL |
|--------|-----|-------|

용지 방향

| PORTRAIT | LANDSCAPE |
|----------|-----------|

PDF 발행

단, 내보내기를 할 경우 패들렛에서 활용했던 서식과 다른 형태(포스트 형식)로 저장되는 경우가 있기 때문에 패들렛을 삭제하기 전 저장된 파일을 먼저 확인해 보는 것이 좋습니다.

3) 패들렛 삭제하기

활동한 패들렛을 모두 보관하면 좋겠지만, 무료 계정의 경우 생성할 수 있는 패들렛이 세 개로 한정되어 있기 때문에 활동을 마친 패들렛을 삭제해야 합니다. 'Archived(기록 보관)'을 활용할 수도 있지만 기록 보관된 패들렛을 다시 확인하려면 유료 결제가 필요합니다. 패들렛을 삭제하고 새로운 패들렛을 만드는 방법을 알아보겠습니다.

패들렛 홈 화면의 컨텐츠 목록에서 삭제를 원하는 패들렛의 '패들렛 작업( : )' 아이콘을 선택하면 패들렛을 삭제할 수 있는 버튼이 생성됩니다.

또는 삭제를 원하는 패들렛에 들어가 오른쪽 상단의 '더 보기(⋯)' 아이콘을 클릭한 뒤 '삭제'를 선택할 수도 있습니다.

'삭제' 또는 'Delete Padlet'을 선택하면 정말로 패들렛을 삭제할 것인지 다시 묻는 창이 뜹니다. 패들렛 삭제를 완료하기 위해서는 무작위로 생성되는 네 자리 숫자 코드를 동일하게 입력한 뒤 '삭제' 버튼을 다시 한번 눌러야 합니다.

패들렛이 삭제되면 처음과 같은 방법으로 새로운 패들렛을 생성하여 활용할 수 있습니다.

## 스마트폰, 태블릿으로 패들렛 사용하기

### 1. 패들렛 주소로 접속하기

학생들이 패들렛을 활용한 수업에 참여하기 위해서는 컴퓨터나 스마트폰, 태블릿이 필요합니다. 교사가 스마트폰이나 태블릿을 자주 사용하는 경우 애플리케이션을 설치할 수도 있지만 수업에 참여하는 학생들은 애플리케이션 설치나 패들렛 가입 없이도 손쉽게 패들렛에 접속할 수 있습니다.

첫 번째 방법은 브라우저를 통해 패들렛 주소로 접속하는 방법입니다. 처음에 '공유하기'를 통해 공유 링크를 복사하면 복잡한 고유 주소가 생성됩니다. 다행히 패들렛에서는 이 주소를 간단히 줄일 수 있습니다.

패들렛 화면 우측 상단의 톱니바퀴 모양 '수정' 아이콘을 클릭합니다.

    '주소'란에서 'Padlet으로 연결되는 고유 링크입니다.' 문장과 함께 패들렛에 부여된 주소를 확인할 수 있습니다. 이 주소를 학급 SNS나 실시간 수업의 채팅창 등을 통해 공지하면 학생들이 클릭해서 들어올 수 있습니다. 하지만 브라우저의 주소창에 직접 주소를 입력해야 하는 경우 주소가 길고 복잡하여 불편합니다.

패들렛 공유 주소 중 노란색 밑줄로 표시된 부분은 자유롭게 수정이 가능합니다. 학급 또는 수업의 특징이 드러나는 간단한 숫자, 단어로 수정할 수 있습니다.

복잡한 주소를 지우고 sw로 수정했습니다. 상단의 '저장' 버튼을 누르면 주소가 저장됩니다.

'padlet.com/아이디/수정한 주소'의 형식으로 된 간단한 패들렛 주소가 생성되었습니다. 이 주소를 학생들에게 알려주고 크롬 브라우저를 통해 접속하게 할 수 있습니다.

### 2. QR코드로 접속하기

스마트폰이나 태블릿과 같이 카메라가 있는 스마트 기기를 사용한다면 주소를 입력하여 접속하는 것보다 QR코드를 사용하는 것이 편리합니다. 특히 교실에서 대면 수업을 하고 있는 상황이라면 주소를 공유받기 위해 학급 SNS에 들어가거나 브라우저 창에 패들렛 공유 주소를 직접 입력하는 것보다 교사가 화면에 띄워주는 QR코드를 인식하면 학생들이 쉽고 빠르게 패들렛에 접속할 수 있습니다.

스마트폰이나 태블릿의 QR코드 인식 앱을 실행시키고 렌즈를 통해 QR코드를 인식시키면 상단에 패들렛 제목과 설명이 뜹니다. 이 화면을 클릭하면 패들렛으로 바로 접속할 수 있습니다.
　최신 기종의 경우 별도의 QR코드 앱을 사용하지 않아도 카메라에서 자체적으로 QR코드를 인식할 수도 있으며, 네이버나 크롬 등의 브라우저에서도 QR코드 검색 기능을 지원합니다.

　PC버전의 패들렛 화면과 마찬가지로 모바일에서도 오른쪽 하단의(+) 아이콘을 클릭하여 포스트 작성을 할 수 있습니다.

포스트에는 제목과 내용을 기입할 수 있으며 파일 업로드, 링크 공유, 검색, 촬영 등 대부분의 기능을 PC버전과 동일하게 지원합니다.

첨부 파일 없이 제목과 내용만 텍스트로 작성할 경우 오른쪽 하단의 '게시물' 버튼을 클릭하면 작성한 포스트가 포스팅됩니다.

첨부 파일 등을 업로드 한 경우 '저장' 버튼이 생성됩니다. 마찬가지로 제목, 내용, 파일 첨부를 한 뒤 오른쪽 하단의 '저장' 버튼을 클릭하면 작성한 포스트가 포스팅 됩니다.

# 페들렛 활용 수업 예시

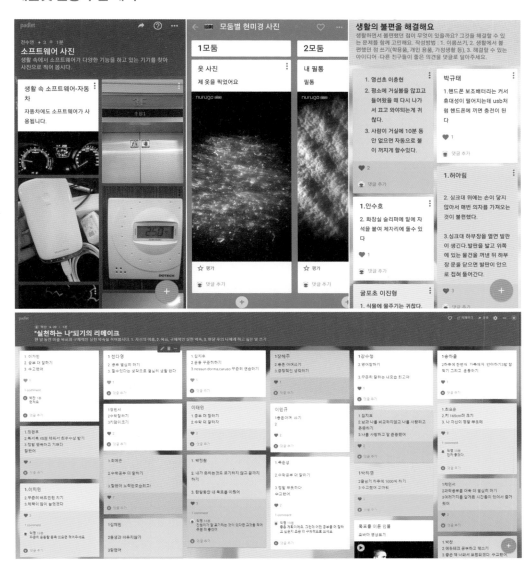

# 02

# 멘티미터(Mentimeter)

## 회원 가입하기

### 1. 회원 가입 및 로그인하기

멘티미터는 다양한 사람들의 의견을 수합하고 다양한 유형으로 활용할 수 있는 참여 프로그램입니다. 실시간으로 참여자들의 의견을 모을 수 있는 웹사이트 도구인 멘티미터에서는 조사 활동 뿐 아니라 퀴즈, 채팅, 토의도 가능합니다.

멘티미터를 활용하면 학생들의 반응을 실시간으로 확인할 수 있으며, 결과를 다양한 유형으로 확인하고 공유할 수 있어서 온라인 수업 뿐 아니라 대면 수업에서의 활발한 상호 작용에도 도움을 줄 수 있습니다. 멘티미터를 사용하기 위해서는 교사가 멘티미터에 가입해야 하며, 학생들은 가입 없이 교사가 생성한 조사에 참여할 수 있습니다. 멘티미터 회원 가입을 위해 www.mentimeter.com에 접속합니다.

멘티미터 회원 가입을 위해 'Sign up'을 클릭합니다.

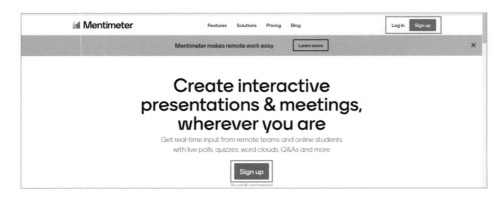

페이스북이나 구글 아이디로 등록하거나 이메일 주소와 비밀번호를 입력해서 간단하게 회원 가입을 할 수 있습니다.

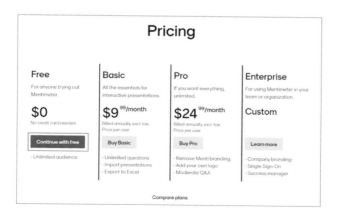

회원 등록을 하면 유료, 무료 플랜을 선택하는 화면이 나옵니다. 더 다양한 기능을 사용하고 싶다면 유료 플랜을 선택해도 좋지만 무료 플랜으로도 다양한 수업 활동이 가능합니다. 'Continue with free'를 클릭합니다.

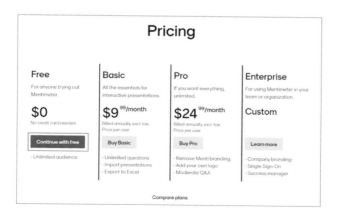

## 2. 멘티미터 간단 이해

멘티미터는 무료 플랜으로 사용해도 충분히 교실에서 유용하게 활용할 수 있는 프로그램입니다. 학급 운영을 위한 설문 조사, 연상하기 활동, 수학의 그래프 학습, 토의 토론 활동 등 다양한 교과 및 비교과와 연계하여 활용할 수 있습니다.

교사는 회원 가입을 해야 하지만 학생의 경우 6자리 숫자 코드 또는 URL, QR코드 등으로 자유롭게 접속할 수 있으며 한 프레젠테이션 안에 여러 개의 슬라이드를 생성하여 주제와 연계된 활동이 가능합니다.

또한 조사 결과를 PDF 파일로 다운로드 받거나 조사 결과 주소를 공유할 수도 있습니다. 만들기 쉽고 참여하기 쉬우므로 초등학생들에게도 충분히 활용할 수 있는 수업 도구입니다. 멘티미터 로그인 후 메인 화면을 살펴보도록 하겠습니다.

메인 화면의 'My presentation'에서 내가 생성한 프레젠테이션이나 폴더를 확인할 수 있습니다. 'Name, Created, Modified'를 각각 클릭하면 프레젠테이션들이 이름, 생성 날짜, 수정 시간(업데이트)순으로 정렬됩니다.

## 1. 폴더 및 프레젠테이션 생성하기

메인 화면의 'My presentation'에서 프레젠테이션이나 폴더를 생성할 수 있습니다. ' + New presentation'나 ' + New folder'를 클릭해서 프레젠테이션이나 폴더를 생성하고 프레젠테이션을 폴더별로 분류할 수 있습니다.

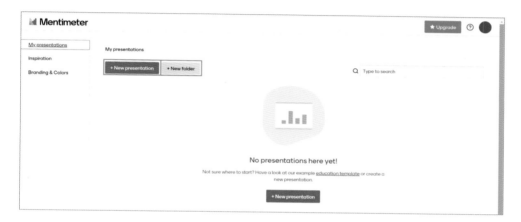

수업을 위해 폴더와 프레젠테이션을 생성해 보겠습니다. 폴더나 프레젠테이션의 이름을 설정한 뒤 'Create' 버튼을 눌러줍니다.

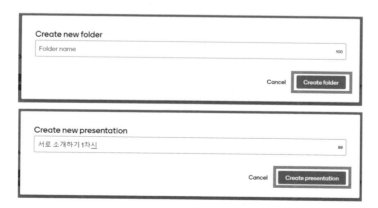

99

프레젠테이션을 생성하면 첫 번째 슬라이드와 함께 슬라이드 타입을 선택할 수 있는 창이 오른쪽에 나타납니다. 멘티미터에서는 설문, 퀴즈 외에도 이미지, 동영상, 텍스트, 숫자 등에 대한 응답자의 반응을 조사할 수도 있습니다.

〈인기 있는 질문 양식 – 설문 조사, 의견 조사〉

① Multiple Choice(다중 선택)  ② Word Cloud(워드 클라우드): 단어를 시각화함

③ Open ended(개방형): 포스트잇 게시판과 유사한 형식  ④ Scales(눈금자)  ⑤ Ranking(순위)  ⑥ Q&A


〈퀴즈 경쟁〉

⑦ Select Answer(답변 선택형, 객관식)

⑧ Type Answer(답안 작성형, 주관식 또는 서술식)(각 포스트의 작성자명 표시 여부)

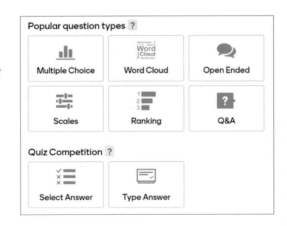

〈콘텐츠 슬라이드- 콘텐츠에 대한 응답자 반응 조사〉

① Heading(제목과 부제)

② Paragraph(제목과 단락)

③ Bullets(글머리 기호)

④ Image slide(이미지)

⑤ Video slide(동영상)

⑥ BIG(큰 텍스트)

⑦ Quote(인용구)

⑧ Number(큰 숫자)

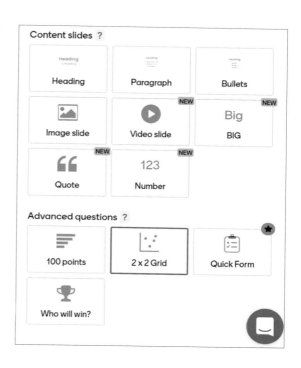

〈고급 질문- 항목별 평가 등에 사용〉

⑨ 100 points(100점을 각 항목에 나누어 부여할 수 있음)

⑩ 2×2 Grid(평가 대상을 각 항목별 평가 결과에 따라 수평, 수직 축에 나타냄)

⑪ Quick Form(하나의 슬라이드에 다양한 질문 가능, 유료 플랜에서만 사용 가능)

⑫ Who will win?(참가자에게 투표해서 승자를 가리는 기능)

## 2. 슬라이드 제작하기

하나의 프레젠테이션 안에서 설문 조사 양식의 슬라이드는 두 개까지 추가할 수 있습니다. 그 외의 양식(Type)은 얼마든지 많이 추가해서 만들 수 있습니다.

슬라이드 왼쪽 상단의 '+ Add slide'를 클릭하면 왼쪽의 슬라이드 목록에 새로운 슬라이드가 추가됩니다. 각 슬라이드별로 다른 양식을 각각 선택할 수 있습니다. 연습을 위해 'Type'에서 워드 클라우드 양식을 선택해 보겠습니다.

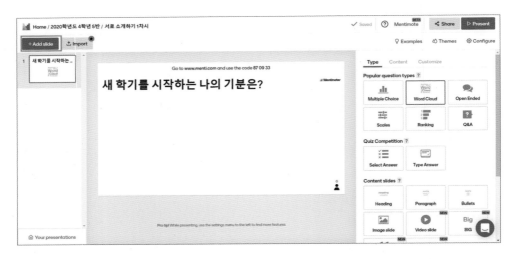

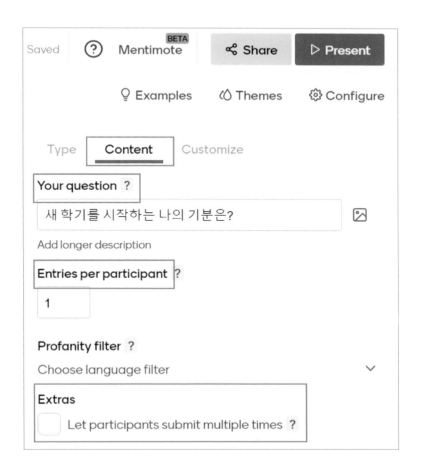

학생들이 답변할 질문을 작성하고, 참가자 별로 몇 개씩의 답변을 쓰게 할 것인지 설정합니다.

정해진 답변 수를 채워야 제출이 완료되므로 사고의 유창성을 필요로 하는 문제에는 숫자를 높게 설정해 줄 수 있습니다.

또한 동일한 참가자가 여러 번 참여하는 것을 허락하려면 Extras의 박스에 체크를 해 줍니다.

교실에서 한 기기로 여러 명이 함께 사용할 경우 이 박스를 체크해 주는 것이 좋습니다.

이번에는 새로운 슬라이드를 추가한 뒤 'Type'에서 'Multiple Choice' 양식을 선택해 보았습니다. 질문과 보기 답안을 작성합니다. 보기 답안을 추가하려면 Options 아래쪽의 '+ Add'를 클릭해 줍니다. 질문이나 보기에 이미지를 첨부할 수도 있습니다.

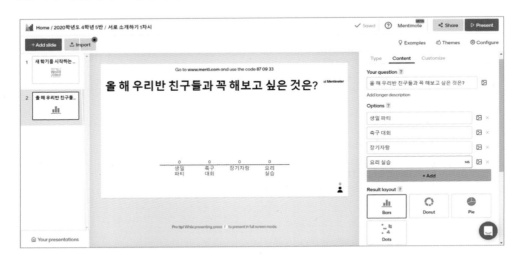

질문과 보기 답안을 완성한 뒤 아래쪽에서 설문 결과의 레이아웃을 설정합니다. 막대 그래프, 도넛형, 파이형 원그래프, 점 그래프 등으로 결과를 나타낼 수 있습니다.

그 외에 정답을 확인할 수 있게 하기, 퍼센테이지로 결과 보여주기, 답안을 중복 선택할 수 있도록 허용해 주기 등의 다양한 옵션을 필요에 따라 선택해 줍니다.

완성한 슬라이드는 별도로 저장하지 않아도 자동 저장됩니다.

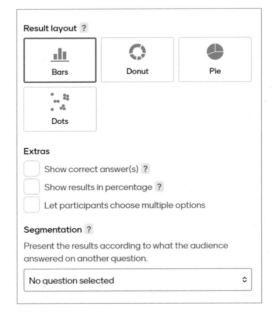

## 3. 슬라이드 예시와 프레젠테이션 테마 활용하기

멘티미터에서는 다양한 양식을 활용할 수 있습니다. 하지만 각 양식을 어떤 상황에서 어떻게 사용하는 것이 좋은지 알기 어려운 이용자들을 위해 다양한 슬라이드 예시를 제공해 주고 있습니다. 이 예시는 그대로 나의 슬라이드로 복사해서 수정 사용이 가능합니다. 또한, 밋밋한 멘티미터 프레젠테이션을 나만의 색과 느낌으로 표현하기 위해서 테마 수정이 가능합니다. 이러한 테마도 마찬가지로 클릭만으로도 간단히 복사해서 나만의 것으로 활용할 수 있습니다.

슬라이드 편집 화면의 우측 상단에 'Examples'를 클릭하면 예시 슬라이드들이 목적별로 분류되어 나옵니다.

오른쪽 Purpose 목록에서 목적에 맞는 주제어를 클릭하면 왼쪽에 제시되는 예시 슬라이드 중 사용하고 싶은 것 위에 마우스 커서를 올리고 'Add' 버튼을 클릭합니다.

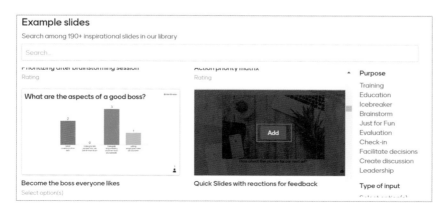

더하기 한 예시 슬라이드가 내 프레젠테이션에 새 슬라이드로 추가되어 있습니다. 이 슬라이드를 편집하는 것 만으로 간단히 다양한 기능과 목적의 슬라이드를 만들 수 있습니다.

이번에는 프레젠테이션의 디자인을 변경할 수 있는 '테마'를 사용해 보겠습니다. 우측 상단의 'Themes'를 클릭하면 다양한 색상과 디자인으로 배치된 테마가 나타납니다.

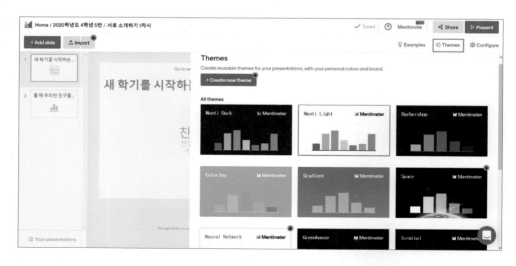

원하는 테마를 클릭해서 변경된 배경 색상, 폰트 및 폰트 색상 등을 확인할 수 있습니다. 유료 플랜(Pro)에서는 테마를 스스로 디자인할 수도 있습니다.

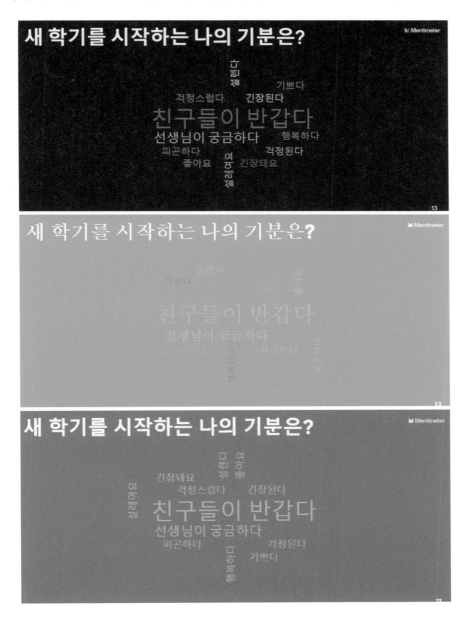

## 멘티미터를 사용하여 수업에 참여하기

### 1. 멘티미터 프레젠테이션 공유하기

교사가 작성한 설문 조사, 퀴즈, 평가, 투표에 학생이 참여하게 하기 위해서는 완성된 프레젠테이션을 공유해야 합니다. 멘티미터는 기기 사용에 익숙하지 않은 학생들도 쉽게 참여할 수 있도록 다양한 공유 방법을 제공하고 있습니다.

작성한 프레젠테이션의 오른쪽 상단 'Share' 아이콘을 클릭합니다.

학생들에게 프레젠테이션을 공유할 수 있는 세 가지 방법이 제시되어 있습니다.

먼저 Digit code는 여섯 자리 숫자만으로 프레젠테이션에 접속할 수 있습니다. 매우 간단하지만 유효 기간이 짧기 때문에 실시간 수업 등에 적합합니다.

두 번째는 링크 주소를 공유하는 방법이며 세 번째는 QR 코드를 공유하는 방법입니다.

수업의 형태와 학생들의 상황에 적합한 공유 방법을 사용하여 공유할 수 있습니다.

Digit code는 작성 중인 슬라이드의 상단에서도 쉽게 확인할 수 있습니다. 슬라이드 상단의 코드에 마우스 커서를 가져다 대면 코드의 만료일을 나타내는 창이 생성됩니다.

Digit code의 유효 기간을 길게 설정하기 위해서 Digit code 오른쪽의 'expand'를 클릭해 줍니다.

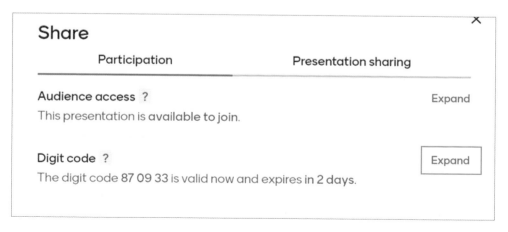

무료 플랜은 최장 7일까지 공유 유효 기간을 설정할 수 있습니다. 원하는 유효 기간을 클릭한 뒤 Close를 눌러 창을 닫아줍니다.

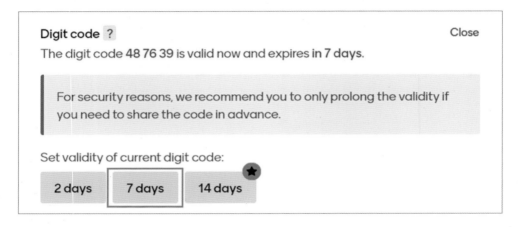

## 2. menti.com으로 참여하기

멘티미터의 슬라이드 제작을 위해서는 mentimeter.com에 회원 가입을 해야 하지만 제작된 프레젠테이션에 참여하기 위해서는 별도의 가입 없이 menti.com의 짧은 주소를 이용하여 접속할 수 있습니다.

menti.com에 접속한 뒤 교사가 공유해 준 여섯 자리 숫자 코드를 입력하고 submit을 클릭합니다.

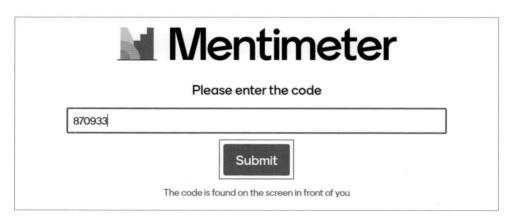

제시된 질문에 답변, 평가 등을 작성하고 Submit을 클릭합니다. 여러 장의 슬라이드가 있는 경우 'Next Question'을 선택하여 다음 장의 질문으로 넘어가며, 모든 설문이 완료되면 창을 끄고 나오거나 다른 코드를 입력하여 또 다른 설문에 참여할 수 있습니다.

## 3. URL이나 QR코드로 참여하기

채팅창이나 학급SNS를 잘 활용하고 있는 수업의 경우 URL을 직접 공유하여 클릭만으로 간단히 참여할 수 있습니다. 스마트폰이나 태블릿 등을 사용하는 수업의 경우 QR코드를 화면으로 제시해 줄 수 있습니다.

'공유하기'에서 복사한 'voting link'를 브라우저 주소창에 붙여넣거나 클릭하여 바로 참여할 수 있습니다.

https://www.menti.com/qr5nyq93d5

'공유하기'에서 다운받은 QR코드를 인식하면 상단에 멘티미터에 접속할 수 있는 창이 생성됩니다. 위의 창을 눌러서 활동에 참여할 수 있습니다.

## 4. 참여 결과 확인하기

원활한 상호작용을 위해서는 개인이 답을 하는 것도 중요하지만 다른 사람들의 답, 생각을 확인해 보는 것이 더욱 중요합니다. 멘티미터에서는 워드 클라우드, 그래프 등의 시각화된 이미지로 참여 결과를 한눈에 확인할 수 있으며 결과를 PDF로 저장하거나 인쇄하여 연계된 후속 활동에 활용할 수도 있습니다.

슬라이드 편집 화면 오른쪽 상단의 'Share'를 클릭해 줍니다.

‘Share’ 창에서 ‘Presentation sharing’을 선택하면 참여 결과를 공유할 수 있는 링크가 나옵니다. 참여자들이 개인별로 결과를 확인하고 싶다면 ‘Copy link’를 클릭하여 결과 확인 주소를 공유할 수 있습니다.

이 결과는 학생들이 참여하고 있는 중에도 실시간으로 확인할 수 있습니다.

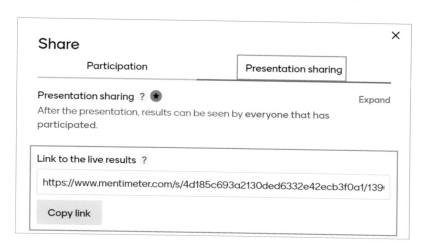

교사와 학생이 함께 결과를 확인하고 싶을 때는 멘티미터의 슬라이드 편집 화면 오른쪽 상단의 ‘present’를 클릭해 줍니다.

결과 화면에서 질문과 참여자들의 답변을 확인할 수 있으며 오른쪽 하단의 사람 모양의 아이콘과 숫자를 통해 참여자의 수를 알 수 있습니다.

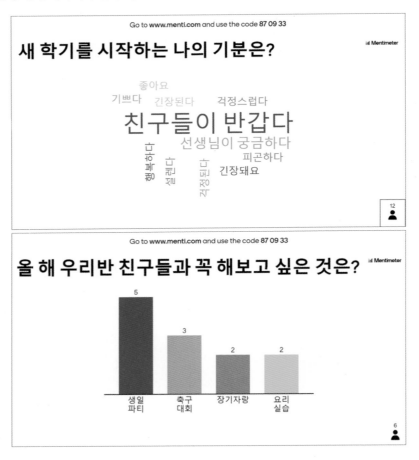

프레젠테이션에서 여러 장의 슬라이드를 만들었는데 결과 화면에서는 첫 번째 질문과 답만 보일 때가 있습니다. 결과 화면의 메뉴바는 왼쪽 하단에 숨겨져 있습니다. 마우스 커서를 화면의 왼쪽 아랫부분에 가져다 대면 아래와 같은 메뉴바가 나옵니다.

① Exit(나가기): 결과 확인 화면에서 슬라이드 편집 화면으로 돌아가기

② Fullscreen(전체 화면)

③ Hide result(결과 숨기기): 실시간으로 결과가 계속 업데이트되기 때문에 최종 결과만을 확인하고 싶은 경우에 결과 숨기기를 했다가 해제할 수 있음

④ Close voting(투표 종료)

⑤ Start countdown(카운트다운 시작): 투표 종료 카운트 다운 시간을 설정할 수 있음

⑥ ← →(슬라이드 이동): 이전 슬라이드와 다음 슬라이드의 결과 확인

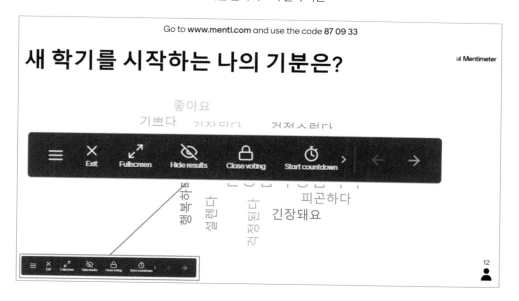

## 5. 참여 결과 내보내기

학생들의 투표, 의견 수합, 토의, 평가 등의 상호작용이 끝난 뒤 결과를 확인하고 엑셀이나 PDF 형식으로 저장할 수 있습니다. 단, 엑셀은 현재 유료 플랜에서만 사용 가능하며 무료 플랜에서는 PDF 다운로드만 가능합니다.

Share-Presentation sharing-Export의 'Go to download center'를 선택합니다.

'Export pdf'에서 파란색 'Download'를 선택해서 프레젠테이션 전체 결과 또는 각 슬라이드별 결과를 pdf로 다운로드 받을 수 있습니다.

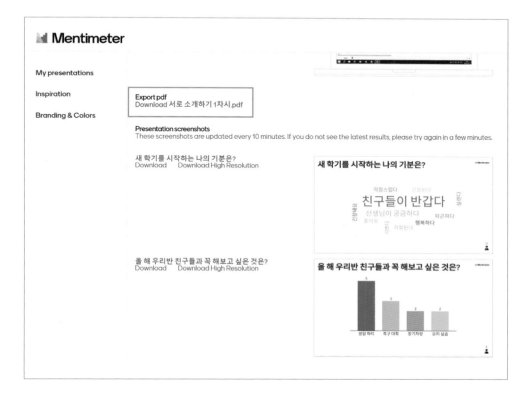

pdf 형식으로 다운로드 받은 결과물을 이용하여 글쓰기, 그래프 공부, 활동 결과 정리 등의 다양한 후속 활동에 활용할 수 있습니다.

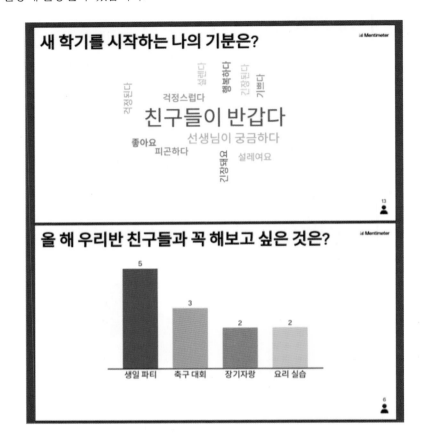

Go to www.menti.com and use the code 64 45 44

## 과학시간에 하고 싶은 것이 무엇입니까?

ıl Mentimeter

식물실험을 하고 싶다

탐구
실험하기

실 험

kfkfiruf

동물을 관찰하고 특징을 알아보고 싶다
내가만든 실험준비물로 실험하기
퀴즈            실험준비물 만들기

## 우주에 대해 좀 더 알아보고 싶은 것은 무엇입니까?

ıl Mentimeter

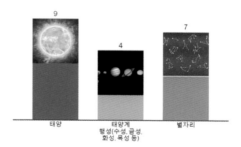

9          4          7
태양    태양계       별자리
      행성(수성, 금성,
      화성, 목성 등)

20

# 실시간 쌍방향
# 수업을
# 도와주는 도구

## 들어가며

　먼 미래의 일로만 여겼던 실시간 쌍방향 수업, 갑자기 우리 앞으로 다가왔습니다. COVID-19로 인해 온라인 개학이 시작되고, 자연스럽게 원격 수업이 진행되면서 다양한 방식의 수업이 현장에 적용되고 있습니다. 교사들은 각자 영상을 제작해서 올리거나 과제 제시, 콘텐츠 제공 등 다양한 방법과 도구를 활용하여 원격 수업을 진행하고 있습니다.

　원격 수업에서 단순히 영상을 시청할 때 학생들의 수업 집중도는 시간이 지날수록 낮아집니다. 하지만 실시간 쌍방향 원격 수업을 활용하면 대화, 칭찬, 격려 등 학생들과 교감하는 수업이 가능합니다. 이러한 장점을 살려 학생들의 수업 집중도를 충분히 높일 수 있습니다. 따라서 원격 수업에서도 오프라인 수업처럼 학생들과 상호 소통하며 활발히 생각을 나눌 수 있는 쌍방향 소통 수업을 추천합니다.

　실시간 쌍방향 수업은 이제 어려운 컴퓨터 활용 능력을 요구하지 않습니다. 특히 이번 장에서 소개해 드리는 도구들은 초기에 약간의 시간만 투자하여 배우면, 누구나 쌍방향 수업을 진행 할 수 있을 정도로 활용이 쉽습니다. 이 도구들을 활용한다면 학생, 학부모, 교사, 모두에게 만족스러운 원격 수업이 가능하리라 생각됩니다.

　그래도 여전히 교사들의 실시간 쌍방향 수업 진행은 부담스러운 일입니다. 학생 이외의 다른 사람들의 수업 참관을 실시간으로 통제할 수 없고, 오프라인 수업보다 학생들의 집중도가 다소 떨어지는 현실적인 이유에 저희도 충분히 공감합니다. 하지만 교사 학생 모두 서로 노력하여, 원격 수업의 장점은 살리고 단점은 보완하며 실시간 쌍방향 수업을 적극적으로 활용하면 좋겠습니다.

　교육 현장에서 지금의 위기는 스마트한 수업을 구현하고 정착할 기회가 될 것입니다. 시대의 변화에 발맞추어 교사들의 빠른 기술 습득을 요구하는 요즘, 교육 현장에서 선생님들의 수고를 덜어드릴 세 가지 원격 수업 도구를 소개하고자 합니다.

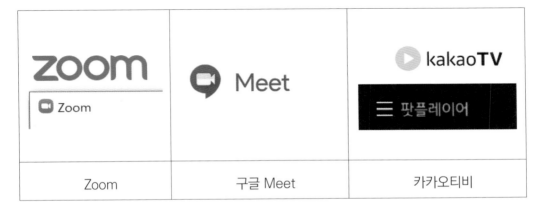

| zoom | Meet | kakaoTV |
|------|------|---------|
| Zoom | 구글 Meet | 카카오티비 |

# 01

# Zoom

## 'Zoom' 시작하기

### 1. 'Zoom' 접속 및 프로그램 설치하기

'모든 장치에서 어디서나 참가', '타의 추종을 불허하는 사용성', '모든 요구에 적합한 비디오' 이 세 타이틀은 공식 홈페이지의 Zoom에 대한 소개입니다. Zoom은 이처럼 언제 어디서나 편리하게 사용할 수 있습니다. Zoom을 활용하여 실시간 쌍방향 수업을 진행해 보겠습니다. Zoom을 활용한 수업의 호스트가 되기 위해서는 먼저 Zoom 홈페이지에 접속하여 프로그램을 설치합니다. Zoom 홈페이지(zoom.us)에 접속하여 회원 가입을 할 때, 구글 계정이나 페이스북 계정으로 쉽게 가입하실 수 있습니다.

단, 교사들이 Zoom 회원 가입을 하는 경우 공직자 메일인 korea 메일 또는 각 교육청 메일을 통한 가입을 권장합니다. 일반인에게는 회원 가입만으로 주어지는 무료 이용 시간이 40분이지만, 공직자 메일로 회원 가입을 하면 현재 COVID-19로 인해 일시적으로 무제한 미팅 시간이 제공되고 있기 때문입니다. 그리고 원격 수업의 호스트가 되는 교사는 Zoom의 다양한 기능 활용을 위해서는 반드시 PC를 접속을 해야 합니다. 단 수업에 참여하는 학생의 경우 스마트폰 앱 'Zoom'을 사용해도 문제가 없습니다.

## 1) 'Zoom' 프로그램 다운로드

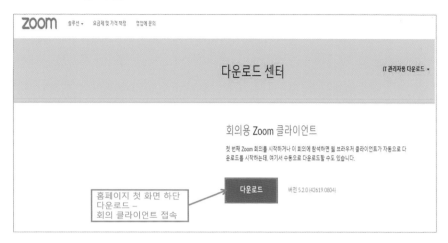

Zoom 홈페이지에 접속 후 메인페이지 첫 화면 하단의 다운로드-회의 클라이언트에 서 프로그램을 설치합니다.

## 2) 'Zoom' 수업 시작하기

이제 Zoom으로 수업을 시작하여 볼까요? 방법은 아주 간단합니다. 내 컴퓨터에 설치된 Zoom 프로그램을 실행시킵니다. 'Start Zoom!'을 클릭하면, 위와 같은 화면이 등장합니다. 시작을 누르면 바로 회의(수업)가 시작됩니다. 학생들에게 수업 접속 링크를 공지하기 위해 '초대 복사'를 클릭합니다. 초대 복사를 누르면 (호스트)가 예약된 Zoom 회의에 귀하를 초대합니다.'라는 메시지와 함께 접속 링크, 회의 ID, 암호가 복사됩니다. 수업하는 교사가 해당 공지사항을 학급 플랫폼이나 단체 카톡방 등 학생들과 소통하는 메신저에 올려두기만 하면 학생들이 쉽게 수업에 접속하고 참여할 수 있습니다. 참여하는 학생들의 경우에는 사전에 프로그램을 설치하지 않아도, 참여하는 과정에서 설치 프로그램이 실행됩니다.

### 3) 'Zoom' 수업 예약기능 활용하기

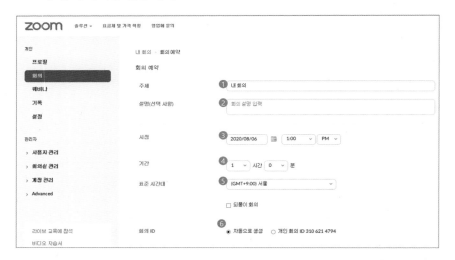

먼저 회의 예약기능을 살펴봅시다. 예약기능을 통해 사전에 수업 접속을 준비하고 학생들에게 사전 공지를 통하여, 원활한 원격 수업 접속 및 사전 수업 준비를 할 수 있습니다. Zoom은 비즈니스 회의용으로 개발된 도구입니다. 따라서 해당 내용을 수업에 맞게 생각하여 적용하면 이해가 쉽습니다.

① 내 회의: 수업 핵심 주제를 적습니다.

② 설명: 수업의 목표 또는 활동 내용을 제시합니다.

③ 시점: 수업이 시작되는 시각을 정합니다. 원하는 시간이 없으면 좀 더 앞선 시각으로 설정합니다. 예약 시간보다 더 빨리 수업을 시작할 수도 있습니다.

④ 기간: 수업 시간을 넉넉하게 설정해 줍니다.

⑤ 표준 시간대: 서울 표준 시간대를 찾아 설정합니다.

⑥ 회의ID: 본인 개인 회의 ID를 그대로 사용할 수 있고, 자동으로 생성하여도 가능합니다. 자동으로 생성의 경우 각 회의마다 고유번호(10자리)가 생성됩니다. 개인 회의 ID를 사용하면, 학생들이 나의 회의 ID를 입력하여 입장할 수 있습니다.

계속해서 회의 예약기능을 살펴보겠습니다.

⑦ Security: 학생들이 접속 시 암호를 입력하여야 해당 수업에 접속할 수 있게 하는 기능으로 원치 않는 사람들의 입장을 제한할 수 있습니다. 위 기능을 사용할 경우 수업 공지 시 암호를 함께 공지하여야 합니다. 대기실 사용 기능은 '호스트 전 참가 사용'과 반대되는 기능으로 미리 입장한 학생들이 기다리게 하는 방을 사용하

여 호스트가 허용한 경우 본 수업 방에 입장하게 하는 기능입니다. 대기실 방에서 출석 체크 후 수업에 참여하게 할 수 있습니다. 하지만 수업에 늦게 참여하는 경우 교사가 수업에 집중하느라 학생들의 입장을 늦게 수락하는 경우가 있을 수 있으므로 활용 후 본인에 맞게 설정하시면 됩니다.

⑧ 비디오: 호스트와 참가자의 비디오 사용 여부를 관리하는 기능으로 수업 중에도 On/Off 할 수 있습니다.


## 4) 스마트폰 이용 접속

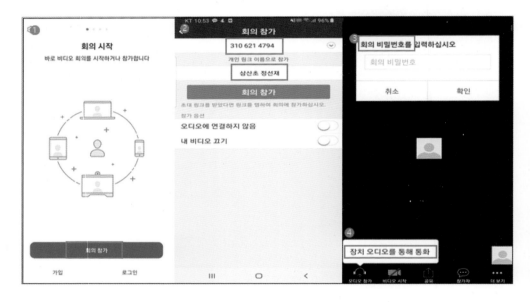

PC를 이용하여 접속이 어려운 학생은 Zoom(Zoom) 어플리케이션 다운로드 후 실행 [회의참가] 버튼을 클릭하면 별로의 회원가입 절차 없이 회의에 참가할 수 있습니다. 교사가 공지한 링크에 접속하여 참가하거나 위 그림에서 보이는 바와 같이 회의 참가 버튼을 클릭하여 회의 ID를 입력하고 본인의 이름으로 변경하여 회의 참가 버튼을 눌러 접속하면 됩니다. 교사가 회의 비밀번호를 설정한 경우 비밀번호를 입력해야 합니다.

여기에서 중요한 점은 접속하는 학생은 반드시 장치 오디오를 통해 통화 버튼을 활성화해야 교사의 음성을 들을 수 있습니다.

## 2. 'Zoom' 기능 알아보기

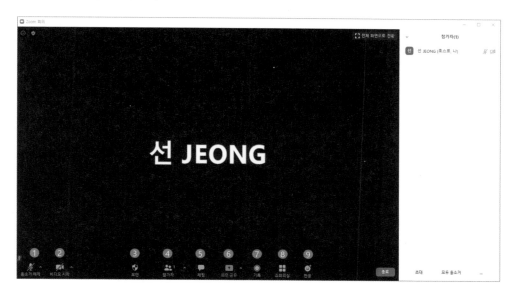

호스트의 기본 기능을 익혀 봅시다.

① 음소거: 호스트의 음성 송출 여부를 결정합니다. 여러 개의 입력장치가 연결된 경우 선택할 수 있습니다.

② 비디오: 연결된 카메라를 통한 나의 모습 송출 여부를 결정합니다.

③ 보안: 회의 잠금, 대기실 사용 여부를 설정할 수 있습니다. 참가자들에게 화면 공유, 채팅, 스스로 이름 바꾸기, 스스로 음소거 해제 기능을 부여할 수 있습니다.

④ 참가자: 초대 기능 및 모두 음소거를 버튼 하나로 설정 할 수 있습니다. 또한 각 참가자들의 영상 및 음성 On/Off 설정을 요청할 수 있습니다

⑤ 채팅: 중요한 정보를 메모하거나 학생들과 소통할 수 있습니다. 개개인과 비밀 메시지도 주고받을 수 있습니다. 수업 중 링크 공유에 활용하기도 합니다. 저장도 가능하므로 댓글 창으로 출석 체크를 하거나 중요한 정보 메모용으로 활용 가능합니다.

⑥ 화면 공유: 컴퓨터 화면, 웹브라우저, 프로그램 등을 선택하여 활용할 수 있습니다. 수업 중 영상을 재생 할 수도 있고, 화면을 공유하여 음성으로 설명할 수 있습니다. 컴퓨터 소리 공유를 반드시 체크해 주셔야 내 컴퓨터의 소리

가 학생들에게도 송출됩니다. 화면 공유 중 화이트보드 기능을 통해 그날 하루의 시나리오를 공지할 수 있습니다. 이 기능은 회의를 종료하지 않는 한 사라지지 않기 때문에 수업의 핵심 내용을 화면 한쪽에 계속 띄워 놓고 진행할 수도 있습니다.

⑦ 기록: PC로 수업을 진행하는 경우에만 사용 가능한 기능으로 내 수업의 영상과 음성을 저장할 수 있습니다. 오디오도 별도 저장이 가능하며 저장된 파일은 내 PC-문서-zoom 폴더에 자동 저장됩니다.

⑧ 소회의실: 회의실 참가자 인원을 자동 또는 수동으로 정한 후 모든 회의실 열기를 통해 소회의실을 개설할 수 있습니다. 브로드 캐스트 기능을 통해 학생들 전체에게 소회의(모둠 토의) 관련 메시지를 전송할 수 있습니다. 회의실 닫기를 누르면 '회의실이 60초 후에 닫힙니다.'라는 공지가 전달됩니다. 카운트다운 시간은 설정 가능합니다. 소회의실 기능을 사용하려면 소회의실-고급-더 많은 설정-설정칸 회의중(고급) 소회의실 설정-예약 시 호스트가 참가자를 소회의실에 할당하도록 허용에 체크를 해 주셔야 합니다.

⑨ 반응: 박수/찬성 아이콘으로 참가자들의 반응을 유도하는 기능입니다. 참가자들이 아이콘을 클릭하면 본인의 얼굴 창에 해당 아이콘이 뜨게 됩니다.

회의 중, Zoom 화면 설명 비디오 영역입니다.

① 비디오 옆 ∧아이콘을 클릭하면 비디오 설정을 할 수 있습니다.
② 가상 배경: 본인이 송출되는 영상 배경이 지저분하거나 노출이 불편한 경우 가상 배경으로 설정할 수 있고, 별도
　　로 다운 받은 사진으로도 설정 가능합니다.
③ 내 비디오: HD 활성화를 누르면 화질이 향상됩니다. 내 비디오 미러링은 좌우 반전을 설정하여 두 가지 중 원하
　　는 모습으로 설정 가능합니다. 내 모습 수정 필터를 누르면 좀 더 자연스럽고 생기 있는 모습으로 송출됩니다.

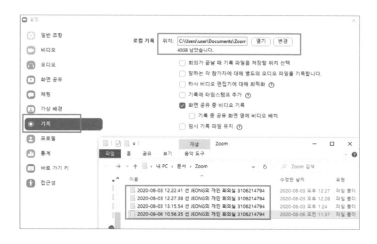

실시간 회의 및 수업 영상을 기록할 수 있습니다. 앞서 살펴본, 기록 기능을 활용하여 영상을 저장할 수 있는데, 비디오 영상뿐 아니라 오디오 음성만 자동으로 별도 파일로 추출됩니다. 필요에 따라 활용하실 수 있습니다. 로컬 기록 폴더를 사전에 변경하면 원하는 위치에 바로 저장할 수 있습니다.

### 3. 화면 공유 기능을 통한 수업

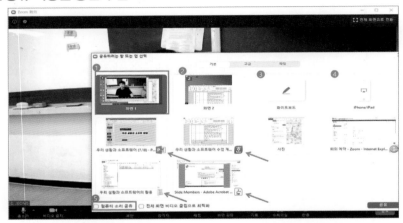

Zoom의 화면 공유 기능을 통해 수업 중 다양한 자료를 활용할 수 있습니다.

① 메인 모니터 화면을 공유할 수 있습니다

② 모니터 2의 화면을 공유합니다.

③ 화이트보드 기능을 활용하여 중요 내용을 공지합니다.

④ 스마트폰이나 추가 스마트 기기 화면을 공유합니다.

⑤ 컴퓨터 영상을 수업 중 공유할 경우 컴퓨터 소리 공유에 반드시 체크해 주어야 내 컴퓨터에 소리가 학생들에게
   도 전달됩니다.

그 밖에 한글, PPT, 그림 파일, PDF 등 각종 형식의 파일을 공유하여 수업을 진행 할 수 있습니다.

미리 제작해 둔 PPT 화면을 공유하여 진행하고 있는 수업의 모습입니다. '화면 공유 중입니다.' 메시지를 통해 해당 화면이 공유 중임을 알 수 있습니다. 사진 바깥쪽의 연두색으로 범위가 설정되어 있는데 그 범위 내부의 화면만 공유됩니다. PPT 화면과 동시에 교사의 모습을 작게 설정할 수 있으며, 해당 페이지를 화면에 띄우고, 교사는 음성 송출을 통해 내용을 설명하며 수업을 진행합니다.

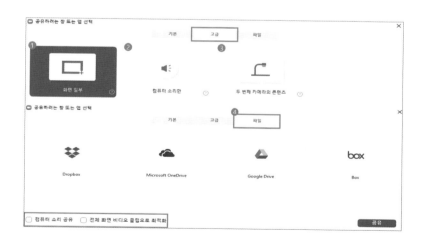

기본 기능 외에 화면공유의 3가지 고급 기능이 있습니다.

① 화면 일부: 크기 조정이 가능한 사각형 창을 활용하여 화면 일부를 공유합니다.

② 컴퓨터 소리만: 화면을 공유하지 않고 컴퓨터 오디오를 공유합니다.

③ 두 번째 카메라의 콘텐츠: 문서 카메라 등 두 번째 카메라의 콘텐츠 공유합니다.

파일 공유 기능으로

④ 파일: 여러 가지 앱 중 선택 후 연결하여 다양한 자료를 공유할 수 있습니다.

## 4. 쌍방향 소통이 가능한 Zoom!

원격 수업 중 교사는 학생들에게 과제를 부여할 수 있습니다. 원격 수업에서는 학생들과의 피드백이 대면 수업에 비해 어려울 수 있습니다. 학생들의 표정을 읽고 서로 같은 공간에서 호흡하며 수업이 진행되는 것이 아니기 때문에 잘 이해하였는지 질문은 없는지 집중하고 있는지 파악하기 어렵습니다. 따라서 실시간 소통 및 과제 부여를 통해 이를 해결합니다.

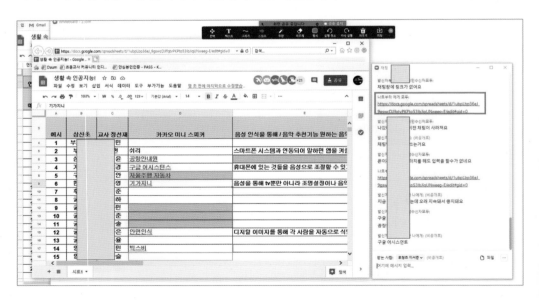

교사는 구글 폼, 구글 설문, 패들렛, 멘티미터 등의 Tool을 활용하여 사전에 제작해 둔 과제를 제시합니다. 과제 링크를 채팅창에 올려주면 학생들은 실시간으로 접속하여 각 과제를 해결합니다. 실시간으로 서로 입력하고 확인할 수 있으므로 빠른 피드백이 가능합니다. 교사는 입력하고 있는 학생들의 화면을 실시간으로 볼 수 있어 음성으로 바로 지도를 할 수 있고 틀린 점을 바로잡아 줄 수 있습니다. 모든 학생이 입력을 마치면, 간단한 발표를 통해 주요 내용을 정리할 수 있습니다.

① Zoom에서 마이크를 통해 발표하고 있는 학생은 연두색으로 자동으로 화면이 잡힙니다. 모든 학생이 마이크를 활성화하면 혼란스러울 수 있으므로 음소거를 기본으로 설정하고 발표자만 마이크를 허용해 주는 게 좋습니다. 발표하는 학생은 다른 학생들에게 큰 화면으로 나올 수 있도록 발표 학생의 화면 오른쪽 위... 표시를 눌러 추천 비디오를 클릭해 주어야 합니다. 발표가 끝난 학생은 다시 추천 비디오 추천 취소를 눌러줍니다.

② 교사는 참가자들의 영상 송출을 요구할 수 있고, 음소거 유무를 조절할 수 있습니다. 학생들과 소통을 하고 또 서로 얼굴을 보고 진행하는 것이 원격수업에서 중요하기 때문에 비디오 송출은 기본으로 설정하는 것이 좋습니다.

③ 채팅창을 통해 소통할 수 있습니다. 우리 생활 속 AI의 활용에 대한 교사의 물음에 답하고 있는 학생들의 모습입니다.

　　교사는 사전에 실시간 원격 수업에서 제시할 패들렛 과제를 준비합니다. 수업 중 채팅창에 패들렛 주소를 공유하고 과제를 실시간으로 작성하도록 제시합니다. 학생들은 과제를 올리고 완료한 학생들은 '댓글 달기' 기능을 통해 본인의 생각과 상대방의 생각들을 비교하고 점검할 수 있습니다. 화이트보드 기능으로 공지사항을 화면에 공유하고 수업 중요 내용들을 화면에 고정 제시할 수도 있습니다. 위 화면의 링크는 채팅창에 공유하였기 때문에 긴 링크를 사용하였지만, 화이트보드에만 공지할 경우엔 주소를 줄여주는 Tool을 사용하여 간단하게 제시해 주면 좋겠습니다.

## 5. 소회의실 기능 활용하기

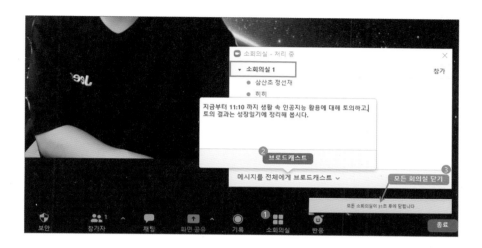

① 소회의실 기능은 학생들의 참여를 이끌어 내고 토의 및 토론을 할 수 있는 기능입니다. 교사는 모둠별 과제를 부여
  할 수 있고, 토의·토론 주제를 제시하여 모둠별 학습을 진행합니다.

② 브로드캐스트 기능을 이용하여 각 소회의실에 공지사항을 실시간으로 전송할 수 있습니다.

③ 모든 회의실 닫기 버튼을 누르면 소회의실이 60초 후에 닫히게 됩니다. 학생들은 해당 메시지를 보고 소회의실
  을 나오게 됩니다. 닫히는 시간은 설정 가능합니다. 소회의실 기능은 각 소회의실에 교사가 참여할 수 있어 토의
  가 잘 이루어지고 있는지 확인이 가능하고, 모둠별 활동이 올바른 방향으로 진행될 수 있도록 지도가 가능합니다.

# 구글 Meet

# 02

## '구글 Meet' 시작하기

### 1. '구글 Meet' 접속하기

　'안전하게 사용할 수 있는 Meet', '어디서든 사용할 수 있는 Meet', '어느 기기에서나 참여할 수 있는 Meet', '선명하게 경험할 수 있는 Meet', '누구나 사용할 수 있는 Meet' 이 다섯 가지 타이틀은 공식 홈페이지의 구글 Meet에 대한 소개입니다. 선명한 화질로 어느 기기에서나 쉽게 사용 가능한 구글 Meet를 활용하여 실시간 쌍방향 수업을 해 봅시다.

　구글 Meet는 한 번에 최대 100명까지 참여 가능한 화상 회의 프로그램입니다. 사용 시간은 현재 무제한이며, 10월부터 60분 제한 무료 이용으로 서비스할 예정입니다. 주최자 참석자 모두 구글 아이디가 필요합니다. 따라서 학생들과 구글 Meet로 쌍방향 수업을 진행하고자 한다면 수업 전 미리 아이디를 만들어야 합니다. 구글 계정만 있다면 누구나 쉽게 사용가능한 Tool! 실행해 봅시다.

## 1) '구글 Meet' 실행하기

　구글 Meet 접속을 위해 크롬 브라우저를 실행하여 google.com 또는 https://Meet.google.com/에 접속합니다. G-Suite 학교 계정 또는 구글 개인 ID로 로그인 합니다. 구글 Meet에 접속하여 메인 화면에서 새 회의 버튼을 누릅니다.

　여기에서 중요한 점은 접속하는 학생은 반드시 장치 오디오를 통해 통화 버튼을 활성화해야 교사의 음성을 들을 수 있습니다.

## 2) '구글 Meet' 실행하기

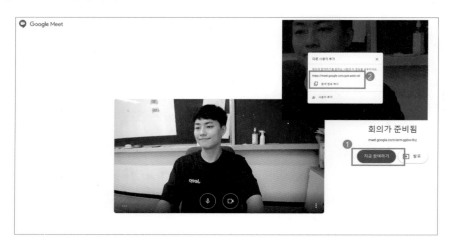

회의가 준비되면 좌측에는 카메라 화면이 우측에는 지금 참여하기와 발표 버튼이 활성화됩니다. 두 버튼 위로 구글 Meet회의에 참석하기 위한 링크와 스마트 폰으로 참여할 경우 필요한 핀 번호가 있습니다. 또한, 다른 사용자를 직접 추가하여 회의에 참여시킬 수 있습니다.

화면 하단에 보면 마이크를 켜고 끄는 기능, 통화에서 나가기, 카메라를 켜고 끌 수 있는 버튼이 있습니다. 학생들이 동시에 여러 명 접속할 경우 목소리가 나오는 카메라로 메인 화면이 잡혀 화면이 바뀔 수 있으므로 학생들이 마이크를 끄고 접속하도록 사전에 안내해야 합니다.

## 1. 수업에 활용 가능한 구글 Meet의 기능

구글 Meet의 기본 기능을 익혀 봅시다.

① 회의 세부정보: 참여 정보를 복사하여 학생들에게 접속 공지로 사용할 수 있습니다.

② 마이크: 마이크 On/Off 기능입니다.

③ 통화에서 나가기: 회의를 종료하는 버튼입니다. 바로 나가지기 때문에 주의하셔야 합니다.

④ 비디오 사용 여부를 결정할 수 있습니다.

⑤ 발표 시작: 내 전체 화면은 내 회의를 전체 화면으로 볼 수 있는 기능입니다. 프레젠테이션을 켜서 발표 할 수 있습니다. 화면이 공유와 동시에 발표를 시작하면 됩니다. 자료를 활용해 수업을 할 수 있지만, 바탕화면 전체 모습이 등장하게 되어 개인정보가 나올 수 있어서 주의가 필요합니다.

**창 기능**은 창을 하나하나 켜서 공유할 수 있습니다. 새로운 창을 띄워 공유하는 방식이며 소리는 공유되지 않습니다,

**Chrome 탭 기능**은 영상 및 애니메이션을 최적화시켜 영상의 매끄러운 송출이 가능하도록 하는 매우 우수한 기능입니다. 영상 송출을 하려면 이 기능을 사용해야 합니다.

⑥ **⋮** : 레이아웃 변경 기능은 화면 보기 변경 기능입니다. 원하는 형태로 화면 구성을 변경할 수 있습니다. 스포트라이트 기능은 화면에 보이는 고정 사람을 변경할 수 있습니다. 자막 사용 기능은 영어로 말을 하면 영어 자막이 등장합니다. 아쉽게도 현재 영어 자막만 제공됩니다.

⑦ **⋯** : 소리가 송출되는 경우 모양이 변합니다.

⑧ 채팅 기능: 채팅 기능으로 주최자와 참여자가 소통할 수 있습니다.

## 2. 구글 Meet에서 소그룹 토의방 만들어주기

구글 Meet는 구글을 사용하고 있는 사람들은 다른 도구를 사용하지 않고 구글 Meet를 이용해 화상 회의나 수업을 할 수 있는 장점이 있습니다. 하지만 실시간 쌍방향 수업을 진행하기엔 그 기능이 조금 간단합니다. 소그룹 토의 방을 만들어 학생들끼리 서로 생각을 자유롭게 공유하고 정리할 수 있도록 해봅시다.

구글 클래스룸 행아웃 미팅 링크와 구글 문서만 활용 가능하다면 누구나 쉽게 소그룹 토의 방을 만들 수 있습니다.

구글 클래스룸에 접속하여 행아웃 미팅 링크를 복사합니다.

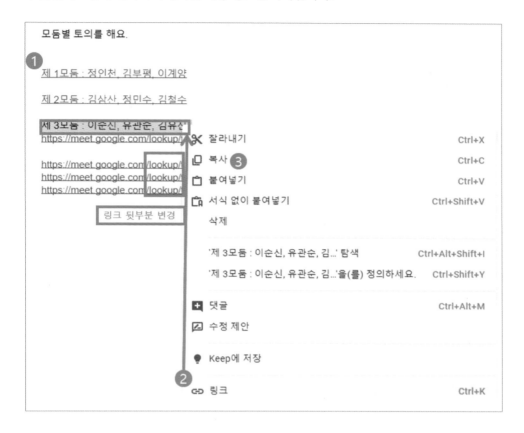

구글 문서를 열고 모둠원을 나누어 ①처럼 모둠을 만들어 줍니다. 해당 모둠원 글에 블록을 씌우 뒤 마우스 오른쪽 버튼을 눌러 ②의 링크를 적용해 줍니다. 링크는 구글 클래스룸 행아웃 링크 뒷부분을 변경해 영어 및 숫자로 자유롭게 적으면 됩니다. 만든 링크를 ③복사 해주면 토의 방 준비는 끝입니다. 이를 학생들에게 공지해 주면 됩니다.

　링크를 포함한 구글 문서가 준비되었습니다. ①공유 버튼을 눌러주고 ②링크가 있는 모든 사용자에게 공개로 설정해 줍니다. ③만든 링크를 복사해 학급 학습 플랫폼에 공지합니다. 이렇게 올려진 공지를 보고 학생들은 본인의 모둠인 구글 Meet 에 접속하여 의견을 교환하게 됩니다. 교사는 해당 링크에 모두 접속하여 학생들의 토의를 지켜보거나 조력자의 역할을 수행할 수 있습니다.

　구글 Meet는 다른 화상프로그램보다 기능이 많지 않습니다. 하지만 이미 구글을 이용하는 사람들끼리 편하게 사용하기 좋습니다. 다른 도구를 사용하지 않고서도 실시간 쌍방향 수업을 할 수 있게 도와주는, 구글 Meet 한 번 도전해 보세요.

# 카카오TV

# 03

## 1. '카카오TV' 접속하기

    카카오TV는 팟플레이어를 통해 누구나 쉽게 LIVE 방송을 할 수 있고, LIVE 방송을 보면서 다른 시청자들과 실시간으로 소통할 수 있는 PC용 어플리케이션입니다. 카카오TV를 활용하여 실시간 쌍방향 수업을 진행해 봅시다.

### 1) '카카오TV' 접속하기

https://tv.kakao.com/ 에 접속합니다. 우측 상단 로그인 버튼을 눌러 로그인 합니다.

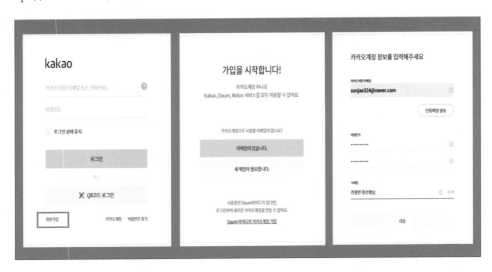

카카오 계정이 없으면 회원 가입을 시작합니다. 이메일 계정을 연동해 쉽게 가입할 수 있습니다.

2) '카카오TV' 실행하기

가입 후 약관동의 및 닉네임 설정을 통해 방송을 할 수 있습니다.

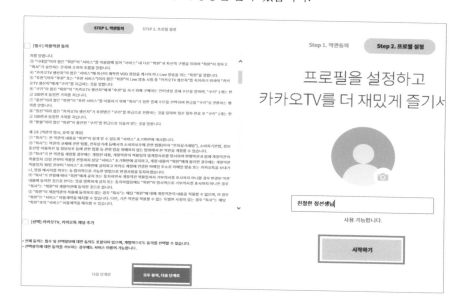

약관에 동의하고, 닉네임을 설정하여 카카오TV를 시작하여 봅시다.

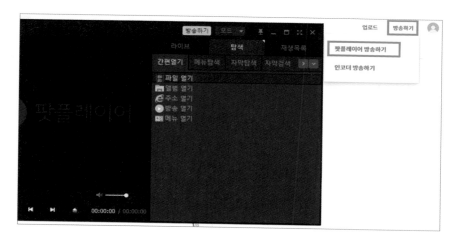

방송하기 버튼을 눌러, 팟플레이어 방송을 시작해 봅시다. 팟플레이어가 설치되어 있지 않다면 설치 후 진행해 주시면 됩니다.


## 3) 방송 준비하기

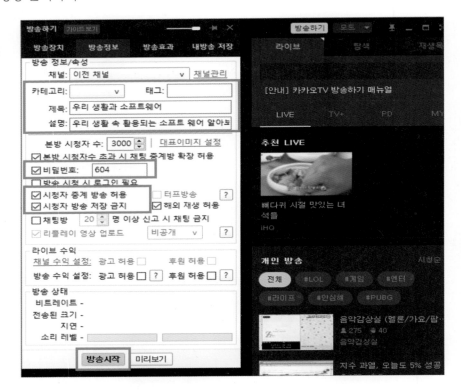

원격 수업 전 교사는 방송 카테고리와 제목 설명을 입력합니다. 제목은 단원명 또는 학습 목표를 설명에는 수업에 대한 간단한 설명을 적어주시면 됩니다. 허용하지 않은 시청자가 들어오는 것을 방지하기 위해 비밀 번호를 설정해 주세요. 시청자(방송을 보는 학생)의 중계 방송 허용 여부는 수업을 준비하는 선생님께서 설정하시면 됩니다. 가급적이면 허용하지 않는 것이 좋습니다. 저작권과 관련하여 문제의 소지가 있는 경우에는 시청자가 방송을 저장하지 못하도록 체크를 하는 것을 권장합니다.

　카카오TV는 학생들이 로그인을 하지 않아도 교사의 수업을 시청하는 것이 가능합니다. 방송 주소와 비밀 번호를 알면 접속을 할 수 있으나 채팅에 참여하기 위해서는 로그인을 해야 합니다.

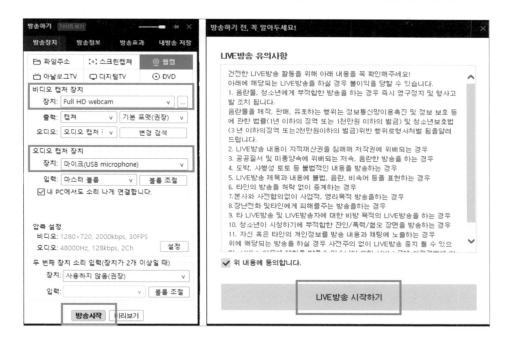

　비디오 캡처 장치, 오디오 캡처 장치는 지금 연결되어 있는 장치를 보여줍니다. 컴퓨터에 연결되어 있는 디지털 카메라의 목록과 오디오 장치가 드롭다운 메뉴로 표시됩니다. 원하는 입력장치를 선택 후 방송시작 버튼을 누르면 적용되며, LIVE방송을 시작하게 됩니다.

## 1. 수업에 활용 가능한 카카오TV의 기능

수업을 시작하였습니다. 수업 링크를 학생들에게 공지하기 위해 화면 상단의 화살표 버튼을 누르면 수업 링크를 볼 수 있습니다. 이를 복사하여 학급 홈페이지에 게시하거나 스마트폰 메신저를 통해 공지합니다. 링크 접속을 통해 학생들은 수업에 참여할 수 있습니다.

오른쪽 채팅창을 통해 상호 의견 교환이 가능합니다. 단, 채팅창을 사용하려면 학생들도 로그인을 해야 합니다.

## 2. 카카오TV로 실시간 쌍방향 수업하기

실시간 쌍방향 수업 중 화면 공유를 위해 스크린캡처 기능을 사용할 수 있습니다. 방송장치-스크린캡처 기능을 선택하여 방송적용을 누르면 새로운 창이 하나 뜹니다. 이 창을 캡처할 화면 크기로 변환시키면 해당 부분이 방송으로 송출됩니다. 이를 활용해 교사의 PC화면을 보여주거나 PPT 등 수업 자료를 보여주고자 할 때 유용하게 사용할 수 있는 기능입니다.

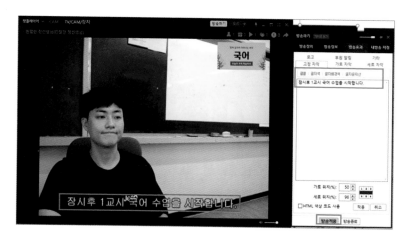

방송 효과 – 자막 기능을 활용해 봅시다. 실시간 수업 중 중요한 안내 사항을 자막을 통해 송출

할 수 있습니다. 글꼴, 글자색, 글자 배경색, 글자 윤곽선 및 위치를 설정할 수 있으며 고정자막, 가로 자막, 세로 자막 등 다양한 형태로 만들 수 있습니다.

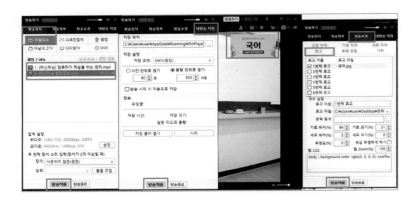

로고 기능을 활용해 봅시다. 유튜브나 TV 프로그램을 보면 오른쪽 상단에 프로그램 명이 방송 내내 고정되어 송출되는 모습을 볼 수 있습니다. 같은 맥락으로 수업 타이틀이나 핵심 내용을 로고로 고정하여 송출할 수 있습니다. 본인이 제작한 그림 파일이나, 컴퓨터에 저장되어 있는 파일로 고정시켜 활용할 수 있습니다.

TIP. 카카오TV의 방송주소는 방송할 때마다 달라집니다. 채널 생성 후 학생들에게 채널 주소를 알려준다면 더 쉽게 수업에 접속할 수 있습니다.

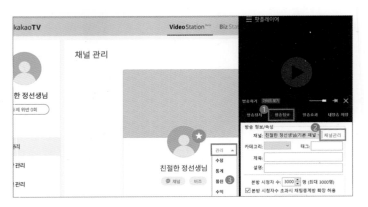

팟플레이어의 ① 방송정보 창을 클릭합니다. ② 채널 관리의 ③ 관리-플친에서 카카오TV의 채널을 생성할 수 있습니다.

채널 이름, 검색용 아이디, 소개글을 작성합니다. 화면 하단의 카테고리에서 교육-초중고등학교 교육을 선택하여 채널을 개설합니다. 채널 소개글에는 간단하게 채널의 방향성을 소개하는 글을 작성하면 좋겠습니다. 채널 검색용 아이디는 학생들이 채널을 검색하여 쉽게 추가할 수 있도록 간략히 만들어 주시면 됩니다.

채널이 개설된 모습입니다. 관리-상세 설정에서 나의 채널 정보를 확인할 수 있습니다. 학급 홈페이지 URL 게시를 통해 고정된 주소로 언제든 수업에 접속할 수 있게 됩니다. 채널을 추가한 경우 수업(방송)이 시작되면 알림을 받을 수 있습니다.

카카오TV의 기능에 대해 살펴보았습니다.

카카오TV는 다른 화상 회의 프로그램에 비해 많은 인원수가 동시에 접속할 수 있습니다. 또, 카카오톡과 연동되어 채널 친구를 맺으면 방송 시작 시 자동으로 알려주어 접속이 간편합니다. 위에서 알아본 바와 같이 자막이나 로고 등을 입력하는 방법이 쉬우며 화면 캡처 기능이 간단합니다.

카카오TV는 학생들의 얼굴이나 배경이 노출되지 않습니다. 이는 장점이자 단점이 될 수 있을 것입니다. 카카오TV의 아쉬운 점은 학생들과의 소통을 채팅으로만 해야 하며, 참여자들의 모습을 영상을 통해 송출하지 않아 수업에 집중하는지를 확인하기 어렵다는 것입니다.

한 번에 많은 사람이 접속 가능한 카카오TV, 전교생을 대상으로 하는 방송에 도전해 보시는 건 어떨까요?

# 수업에
# 집중하게
# 만드는
# 동영상 제작
# 도구

## 들어가며

원격학습의 가장 큰 장점은 학습자들이 시간과 장소의 큰 구애를 받지 않고 언제 어디서든 선생님이 만든 콘텐츠로 학습을 할 수 있다는 것입니다. 그러나 동영상 콘텐츠는 교실 수업이 아니기 때문에 현장감이 떨어지게 되고, 원격학습의 성격상 화면이 단조로우면 학생들의 집중력이 금방 떨어질 수 밖에 없는 단점이 있습니다. 더군다나 미디어를 많이 접하는 학생들이라면 변화가 없는 화면은 집중하기 어려울 것입니다.

OBS Studio는 방송 보조 및 동영상 캡처(녹화) 등 인터넷 방송을 위한 기능을 제공하는 오픈 소스 및 자유 소프트웨어로 방송과 녹화를 둘 다 할 수 있는 프로그램입니다. 자유 소프트웨어이기 때문에 소스 코드를 자유롭게 고쳐 쓸 수도 있고 플러그인을 추가하면 굉장히 다양한 설정을 지원합니다. 해상도, 서버 선택 등 방송 관련 설정을 할 수 있고 여러 가지 장면 설정과 화면 구석에 웹캠 화면 등의 삽입도 가능한데다가 이것을 통해 방송 송출을 할 수 있어 많은 인터넷 방송인이 애용합니다. 국내 프로그램은 아니지만 한국어도 지원하여 어렵지 않게 사용할 수 있습니다.

OBS Studio를 원격수업에 어떻게 활용할 수 있을까요? 녹화기능을 이용하여 콘텐츠활용 중심 수업의 콘텐츠를 제작하는데 도움을 줄 수 있습니다. 수업 내용 화면에 교사의 얼굴을 함께 넣어 녹화함으로써 학생들은 보다 현장감있는 원격수업을 접하게 될 것입니다. 방송기능을 이용하여 방송플랫폼으로 실시간 수업방송을 할 수 있습니다. 또한 플러그인을 이용하면 화상회의 솔루션인 Zoom에서도 OBS Studio의 화면으로 수업을 진행할 수 있어 실시간 쌍방향 수업에서도 보다 현장감 있는 수업을 진행할 수 있습니다.

# OBS Studio로
# 수업 콘텐츠 만들기

**01**

## 설치 및 메뉴 이해

### 1. 프로그램 설치

검색엔진에서 OBS Studio를 검색하여 접속하거나 홈페이지(https://obsproject.com/ko)에 접속하여 프로그램을 내려받을 수 있습니다. 프로그램은 Windows 뿐만 아니라 mac, Linux OS 버전이 있습니다. 본 서에서는 Windows를 기준으로 설명하도록 합니다. Windows 버튼을 누르면 설치파일이 Download됩니다. 설치파일을 실행하여 프로그램을 설치해줍니다. 프로그램이 설치될 때에는 특별한 설정이 필요없으니 Next만 누르면 설치가 완료됩니다.

프로그램 최초 실행시 구성마법사가 실행되며 '예'를 선택하면 기본 설정이 자동으로 진행됩니다.

최적화 방법을 방송과 녹화중에 선택하는 화면이 나오는데 여기서는 콘텐츠 제작을 할 것이므로 녹화 최적화 메뉴를 선택합니다. 녹화 최적화를 한다고 하여 방송을 못하는 것은 아니고 추후 설정에서 방송 설정을 하면 방송을 할 수 있습니다.

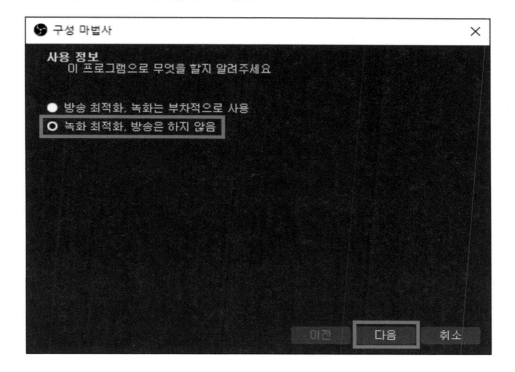

원하는 비디오 설정을 할 수 있습니다.

녹화된 동영상의 해상도나 초당 프레임수(FPS)를 임의로 설정할 수 있으나 기본 설정값이 최상의 컨디션을 제공하는 것이므로 특별한 사유가 아니면 기본값으로 설정을 하는 것이 좋습니다.

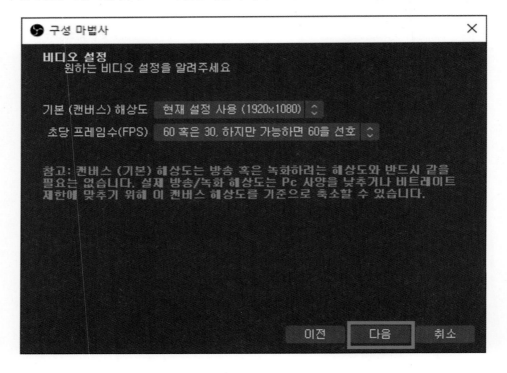

구성 마법사가 설정한 최종 결과 화면이 나옵니다. 이 화면은 구성 마법사가 컴퓨터의 사양 등 여러 조건을 고려하여 프로그램에서 측정한 가장 이상적인 설정 값으로 사용자가 변경하기를 희망하면 이전 버튼을 눌러서 설정을 변경하거나 취소버튼을 눌러 구성 마법사로 구성하지 않고 임의로 설정해야 합니다. 본 서에서는 구성마법사의 구성대로 진행을 합니다.

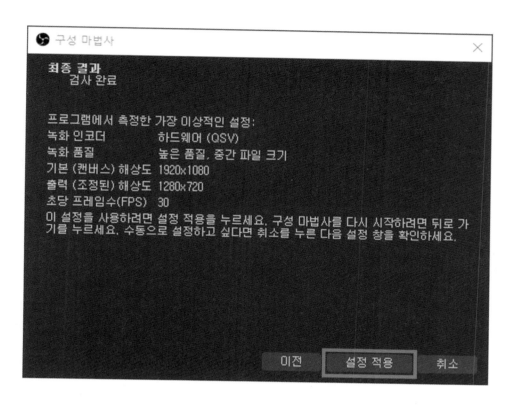

**최종 결과**
　　검사 완료


프로그램에서 측정한 가장 이상적인 설정:
녹화 인코더　　　　　하드웨어 (QSV)
녹화 품질　　　　　　높은 품질, 중간 파일 크기
기본 (캔버스) 해상도　1920x1080
출력 (조정된) 해상도　1280x720
초당 프레임수(FPS)　30

이 설정을 사용하려면 설정 적용을 누르세요. 구성 마법사를 다시 시작하려면 뒤로 가기를 누르세요. 수동으로 설정하고 싶다면 취소를 누른 다음 설정 창을 확인하세요.

이전　　설정 적용　　취소

## 2. 메인화면 간단 이해

메인 메뉴를 간단히 살펴보겠습니다.

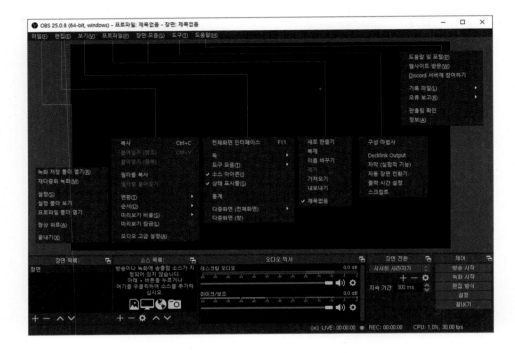

① 파일 : 녹화하여 저장된 파일이 있는 폴더로 이동하는 것을 비롯하여 재다중화 녹화나 방송이나 출력 등에 대한 설정을 할 수 있습니다. 메뉴-설정은 오른쪽 아래 제어창에 별도의 버튼이 있어 쉽게 접근할 수 있도록 되어 있습니다. 다만 설정은 방송이나 녹화가 시작이 되면 비활성화되므로 방송이나 녹화가 중지된 상태에서 변경해야 합니다.

② 편집 : 방송이나 녹화가 되고 있는 화면을 회전시키거나 뒤집을 수 있으며, 입력중인 오디오를 설정할 수 있습니다.

③ 보기 : 화면에서 보이는 메뉴나 도구, 소스, 상태표시줄을 보이거나 감출 수 있습니다.

④ 프로파일/장면보기: 설정값에 대한 프로파일이나 사용자가 설정한 장면을 새롭게 만들거나 복제, 이름바꾸기, 가져오거나 내보내기 등을 할 수 있습니다.

⑤ 도구 : 프로그램 설치 후 자동으로 설정을 해 주었던 구성 마법사가 있으나 그 외의 다른 도구는 활용할 만한 수

준이 되지는 않습니다. 다만 OBS Studio를 지원하는 플러그인을 설치하면 도구 메뉴에 다른 도구들이 설치됩니다. 이 부분은 뒷 부분에서 다루어질 것입니다.

⑥ 도움말: 프로그램 사용과 관련하여 도움을 줄 수 있는 사이트나 포럼이 연결되어 있으며 OBS Studio의 현재 버전도 확인할 수 있습니다.

## OBS Studio로 동영상 콘텐츠 만들기

### 1. 듀얼 모니터에서 동영상 콘텐츠 만들기

콘텐츠를 만들때에는 단일 모니터보다는 듀얼 모니터 환경이 훨씬 수월합니다. 메인 모니터에서는 OBS Studio를 실행하여 조작하고, 두 번째 디스플레이(모니터)의 화면을 녹화하면 되기 때문입니다. OBS에서는 다양한 종류의 소스를 입력받아 한 화면에 쉽게 배치할 수 있습니다. 파워포인트 배경화면에 웹캠, 실물화상기, 패드화면을 배치하고 제어하여 보도록 하겠습니다.

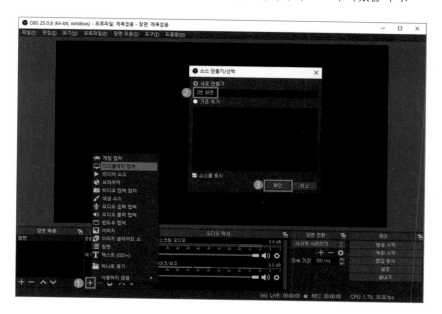

듀얼모니터 상에서 파워포인트를 2번째 모니터에서 슬라이드쇼가 되도록 설정 한 후 슬라이드 쇼를 합니다.

그 후 OBS Studio 화면의 소스목록에서 +를 누른 후 디스플레이캡처를 선택합니다. 나중에 알아보기 쉽도록 이름을 입력한 후 확인을 누릅니다.

디스플레이 속성창이 나오면 디스플레이 2를 선택하고 확인을 누릅니다.

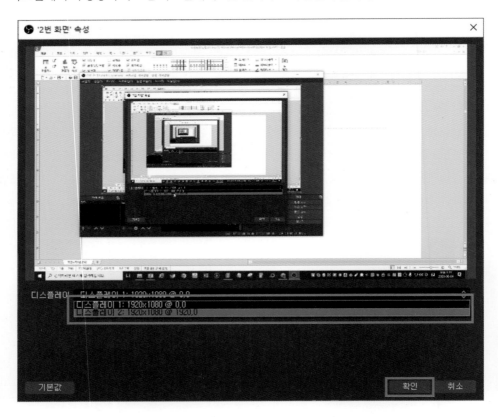

이번에는 웹캠화면을 배치하겠습니다. 역시 소스목록에서 +를 누르고 이번에는 비디오 캡처 장치를 선택합니다. 알아보기 쉽도록 이름을 입력한 후 확인을 누릅니다.

웹캠 속성창 장치목록에서 웹캠 모델을 선택하고 확인을 누릅니다.

웹캠 화면 위에서 마우스 왼쪽 버튼을 누른채 Drag하면 원하는 위치로 이동시킬 수 있습니다. 웹캠 화면의 편집점을 마우스로 잡고 Drag 하면 크기를 조절할 수 있습니다. Alt키를 누른 상태에서 마우스 편집점을 마우스로 잡고 Drag하면 화면을 잘라낼 수 있습니다.

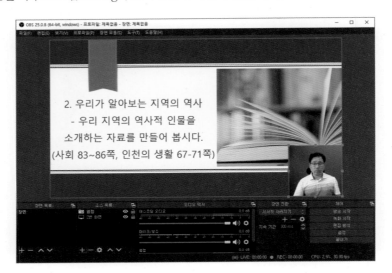

앞과 같은 방법으로 실물화상기 화면을 추가하였습니다.

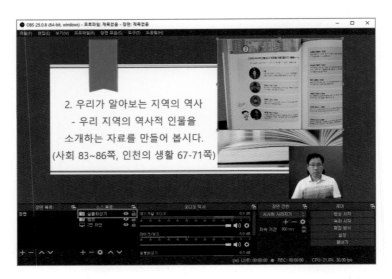

실물화상기 화면 위에 태블릿 PC의 화면을 올려두었습니다.

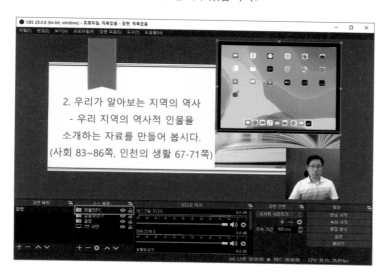

소스 목록의 소스에 표시된 눈 모양의 아이콘을 이용하여 보이기/감추기를 할 수 있습니다. 태블릿PC 화면을 감추기 하면 아래에 있던 실물화상기 화면이 나오게 됩니다. 태블릿PC 화면을 보이기로 하면 실물화상기보다 위에 있는 태블릿PC화면이 나오게 됩니다.

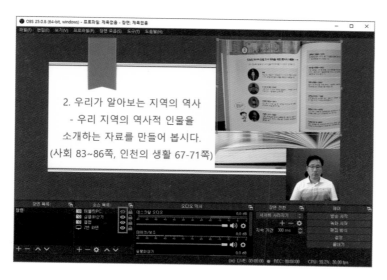

웹캠에서의 배경화면이 단색인 경우 배경을 지워줄 수 있습니다. 일반적으로 녹색이나 파란색은 사람의 피부톤을 살려주면서 배경을 지워줄 수 있기 때문에 배경색으로 선호됩니다. 소스목록 중 웹캠에서 마우스 오른쪽을 눌러 나오는 메뉴중에 필터를 선택합니다.

효과필터에서 +를 누른 후 나오는 메뉴중에 크로마 키를 선택합니다. 필터의 이름을 임의로 입력 후 확인을 누릅니다.

크로마 키 필터의 속성창이 나오면 웹캠의 배경이 투명하게 되도록 슬라이드바를 적당히 조절하고 닫기 버튼을 누릅니다.

미세하게 자국이 남기는 하지만 대부분의 배경화면이 지워졌음을 볼 수 있습니다. 보다 완벽하게 배경을 지우려면 교사의 얼굴을 비추는 조명과 배경을 비추는 조명이 있어야 합니다.

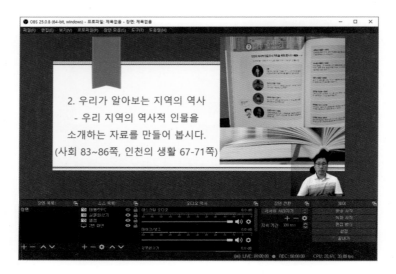

마이크를 추가하기 위하여 소스 목록 하단의 +를 누르고 오디오 입력 캡처를 선택합니다. 소스 만들기 창에서 임의로 이름을 입력한 후 확인 버튼을 눌러줍니다.

장치에서 추가하고자 하는 마이크 장치를 선택한 후 확인버튼을 누릅니다.

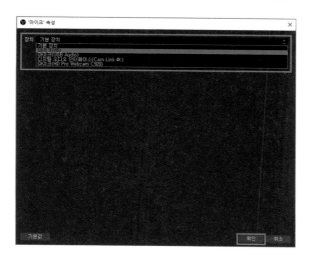

    오디오 믹서에 마이크가 추가된 것을 볼 수 있습니다. 슬라이드바를 이용하여 볼륨을 조절할 수 도 있고 스피커모양을 클릭하여 소리를 없애거나 나오게 할 수 있습니다.

    제어창에서 녹화시작을 누르면 버튼이 녹화중단과 일시중지로 바뀌면서 화면이 녹화가 됩니다. 녹화를 중단하려면 녹화 중단 버튼을 잠시만 멈추려면 일시정지 버튼을 누릅니다.

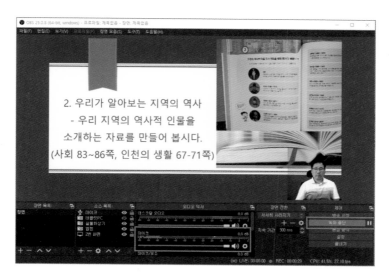

## 2. 단일 모니터에서 동영상 콘텐츠 만들기

듀얼 모니터 환경에서 콘텐츠를 만드는 것이 수월하지만 아직 학교 현장에서는 듀얼 모니터 보다는 단일 모니터인 상황이 많을 것입니다. 이 경우 앞의 방법처럼 디스플레이 캡처를 하면 화면 속에 화면이 나오게 되어 제어하는 것이 힘들어집니다. 이런경우 ppt의 슬라이드쇼 설정을 바꾸면 좀 수월해집니다.

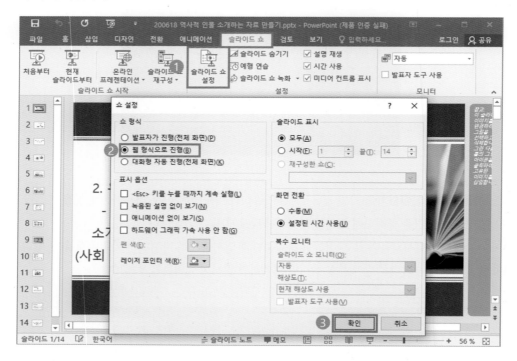

단일 모니터에서 ppt 슬라이드 쇼를 OBS Studio로 녹화하려면 슬라이드쇼 설정에서 쇼 형식을 웹 형식으로 진행으로 변경해주어야 합니다.

슬라이드 쇼의 형식을 웹형식으로 설정하여 슬라이드쇼를 실행하면 기존의 슬라이드쇼와는 다르게 윈도우 창에서 쇼가 진행되는 것을 볼 수 있습니다. 이 상태에서 OBS에서 소스를 불러옵니다.

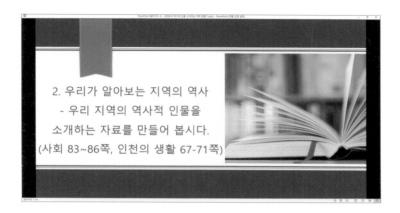

기존에 있던 디스플레이 캡처는 목록 위에서 마우스 오른쪽을 눌러 제거를 합니다.

소스 목록 하단의 +를 누르고 오디오 입력 캡처를 선택합니다. 소스 만들기 창에서 임의로 이름을 입력한 후 확인 버튼을 눌러줍니다.

속성창의 윈도우에서 PowerPoint 슬라이드 쇼를 선택한 후 확인을 누릅니다.

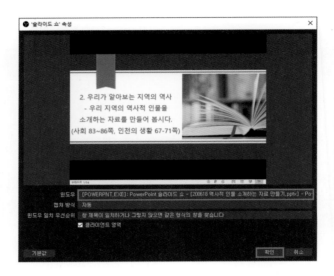

편집점을 Drag 하여 화면에 적절하게 배치를 합니다. 윈도우 캡처를 맨 마지막에 하여 맨 위에 배치되어 다른 소스를 가려버리면 안되므로 소스 목록에서 슬라이드 쇼 메뉴를 제일 하단으로 내립니다. 이 상태에서 녹화 버튼을 누른 후 OBS Studio 창을 내리면 됩니다.

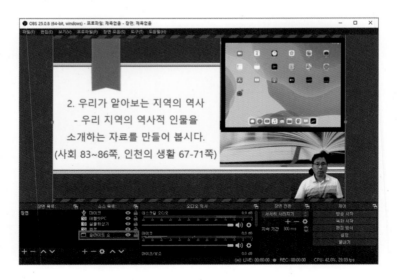

# OBS Studio로
# 실시간 쌍방향 수업하기

02

## OBS Studio 화면을 카카오TV로 송출하기

tv.kakao.com에 접속하여 로그인 한 후 방송하기 → 인코더 방송하기를 선택합니다.

방송 전 유의사항에 동의하고 확인하기를 누릅니다.

기본적인 방송정보를 입력하고 방송정보변경 버튼을 눌러 방송정보를 변경합니다. 수업 방송을 할 때에는 비밀번호를 입력하여 학생들과 공유하는 것이 좋습니다. 그렇지 않으면 외부인이 들어올 수 있습니다.

방송정보변경이 완료되었으면 스트림설정에서 스트림키 확인을 누릅니다.

스트림 설정에서 스트림키는 OBS와 같은 방송 인코더에서 나의 계정으로 방송을 할 수 있는 열쇠로 스트림 키가 유출이 되면 다른 사람들이 나의 계정으로 방송을 할 수 있게 됩니다. 스트림키는 유출이 되지 않도록 보안을 철저히 해야 합니다.

OBS Studio에서 제어판의 설정으로 들어갑니다. 방송탭에서 서비스 중에 모두 보기를 눌러 kakaoTV를 선택합니다.

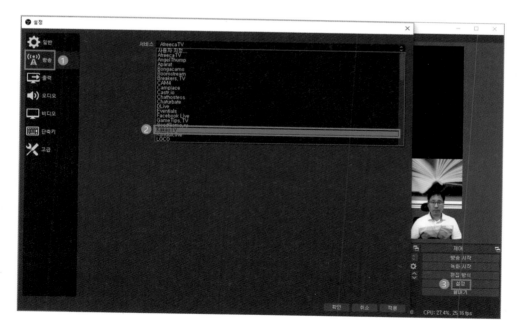

kakaoTV 홈페이지에서 받았던 스트림키를 붙여 넣고 적용 → 확인을 누릅니다.

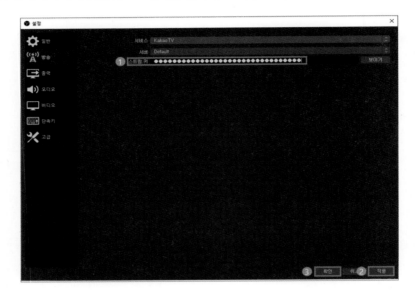

방송 시작 버튼을 누르면 방송이 시작됩니다.

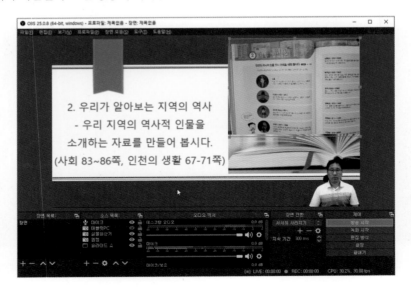

kakaoTV 채널에 들어가보면 OBS의 화면이 방송되고 있음을 확인할 수 있습니다.

모바일의 kakaoTV Live 애플리케이션에서도 방송이 되고 있음을 확인할 수 있습니다.

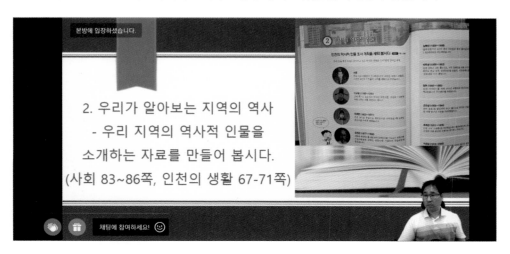

ndi.tv/tools에 접속하여 하단에 위치한 NDI 도구를 내려 받은 후 설치합니다.

google 검색엔진에서 obs plugin 으로 검색후 제일 위에 나오는 링크로 접속합니다. 우측에 다운로드로 이동을 눌러 다운로드 창으로 이동합니다. 아래에 여러 개의 파일 중에 자신의 OS에 맞는 파일을 내려받아 설치합니다. 본 서에서는 윈도우를 기준으로 설명합니다.

OBS Studio 상단 메뉴 도구에서 아래에 보면 NDI Output settings가 생긴 것을 볼 수 있습니다. 이 메뉴를 선택하여 세팅창이 나오면 Main Output에 체크해줍니다. 이름은 OBS로 기본 설정 되어 있으나 바꿀 수 있습니다.

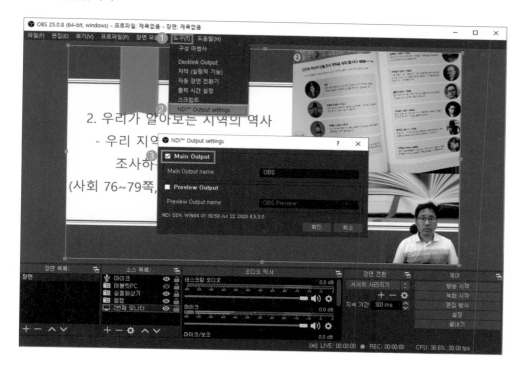

Windows 버튼을 눌러 설치 프로그램 목록을 보면 최근에 추가한 앱에서 Virtual Input을 실행합니다. 그러면 화면의 오른쪽 하단에 NDI Virtual Input 아이콘이 하나 생긴 것을 볼 수 있습니다.

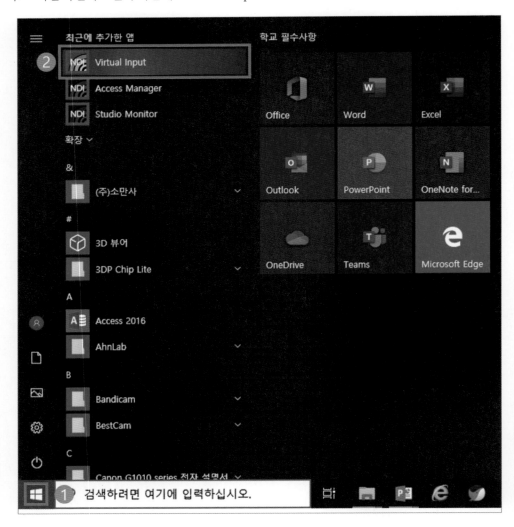

화면의 오른쪽 아래에서 NDI Virtual Input 아이콘에서 마우스 오른쪽을 클릭하여 컴퓨터이름–OBS에 체크가 되어 있는지 확인합니다.

Zoom에서 회의를 개설하고 카메라를 선택 할 때에 웹캠을 선택하는 것이 아니라 NewTek NDI Video를 선택합니다. OBS에서의 화면을 가상 카메라로 내보내고 Zoom에서 카메라로 인식하여 송출하는 방식입니다.

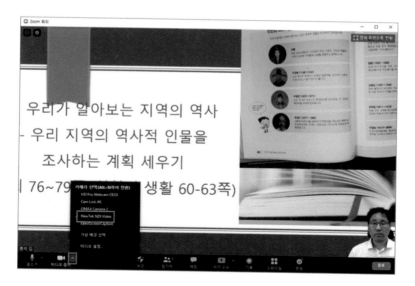

학생들이 모바일로 접속했을 때 볼 수 있는 화면입니다.

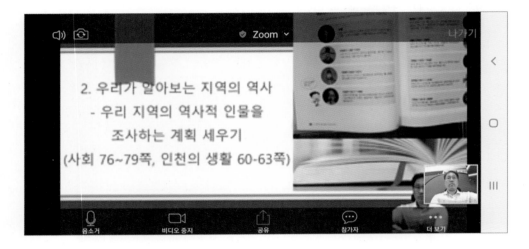

# 동영상 수업 콘텐츠를 만드는 다양한 방법과 프레젠테이션 도구소개 03

## PPT로 수업 동영상 만들기

### 1. 슬라이드 쇼를 동영상으로 만들기

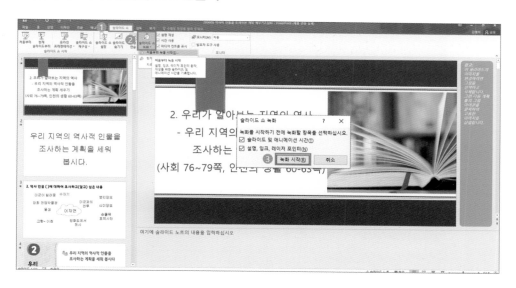

ppt로 설명자료를 제작하였으면 슬라이드 쇼 – 슬라이드 쇼 녹화를 선택합니다. 슬라이드 쇼 녹화 설정창이 나오는데 슬라이드 및 애니메이션 시간, 설명, 잉크, 레이저 포인터 등 슬라이드쇼 옵션에 체크가 되어 있는지 확인합니다. 필요 없을 때는 체크를 해제합니다.

슬라이드 쇼가 시작되면서 녹화 제어창이 좌측 상단에 나타납니다. 화살표를 눌러 다음 슬라이드로 넘어갈 수 있고 ||기호를 눌러 녹화를 일시정지 할 수 있습니다. 녹화를 마치려면 X 표시를 누르면 됩니다.

슬라이드 쇼 상황에서 포인터 옵션을 레이저포인터나 펜등으로 바꾸어 화면에 글을 쓰거나 그림을 그리는 장면이 그대로 녹화가 됩니다.

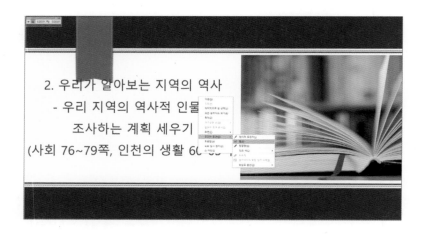

슬라이드 쇼를 마치게 되면 슬라이드에 스피커 모양과 슬라이드 쇼에서 펜으로 기록하였던 이미지가 남아 있는 것을 확인할 수 있습니다.

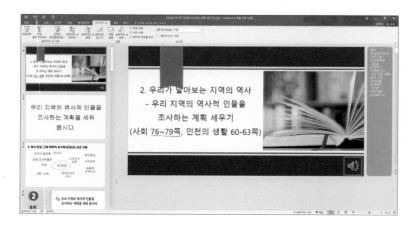

녹화된 슬라이드 쇼를 동영상으로 만들기 위해서는 파일-내보내기에서 비디오 만들기를 선택합니다. 몇 가지 옵션을 원하는 대로 설정 후 비디오 만들기 버튼을 누릅니다.

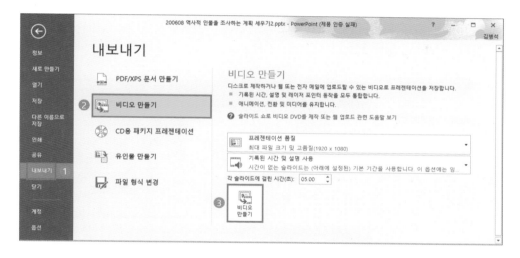

만들어진 동영상 파일을 저장할 위치를 지정합니다. 파일의 형식은 mp4나 wmv로 선택하여 저장할 수 있습니다. 파일 이름과 형식을 지정하였으면 저장 버튼을 누릅니다.

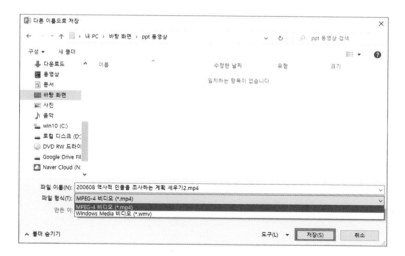

창의 하단에서 동영상이 만들어지고 있음을 확인할 수 있습니다.

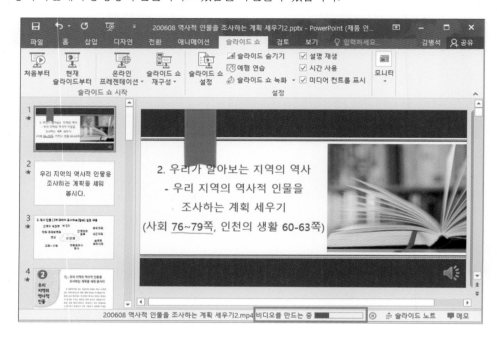

지정한 폴더에 동영상 파일이 만들어졌음을 확인할 수 있습니다.

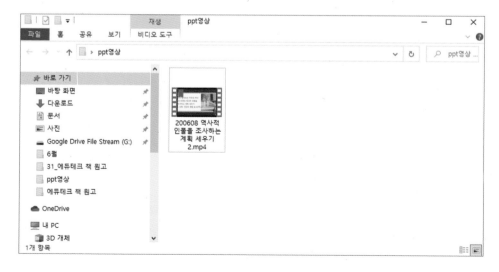

## 2. PPT의 화면녹화 기능을 이용한 동영상 만들기

첫 번째 슬라이드에 화면 녹화한 영상을 삽입할 것이므로 첫 번재 슬라이드는 빈 화면으로 둡니다. 삽입-화면녹화를 선택합니다.

화면 위쪽에 기록제어창이 나오게 되는데 녹화를 하기 전에 슬라이드 쇼 화면으로 전환합니다. 캡처할 화면이 준비가 되었으면 영역선택 버튼을 눌러 캡처할 영역을 Drag하여 선택합니다. 여기서 는 슬라이드 쇼를 녹화할 것이기 때문에 화면 전체를 선택하였습니다.

영역 선택을 마치면 기록 버튼을 누릅니다.

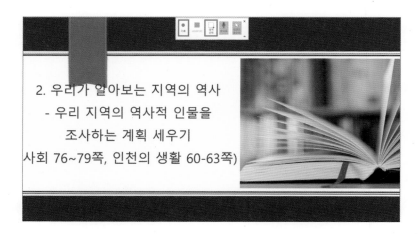

기록 버튼을 누르면 바로 캡처가 되는 것이 아니라 3초 후에 캡처가 됩니다. 기록 시작까지 남 은 시간이 숫자로 표시가 됩니다. 기록을 중지하려면 Windows 로고 키 + Shift + Q를 누르거나 화 면 위쪽의 정지 버튼을 누릅니다.

비어 있었던 첫 번째 슬라이드에 영상이 삽입되었음을 볼 수 있습니다. 삽입된 영상을 동영상 파일로 저장하기 위해서는 삽입된 영상에서 마우스 우클릭 → 다른 이름으로 미디어 저장을 누릅니다.

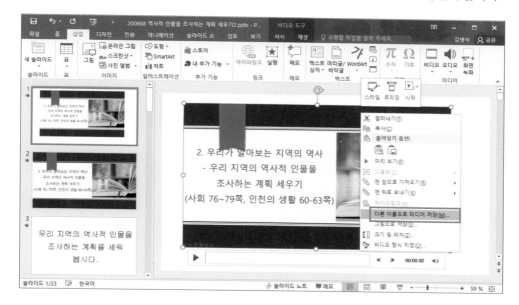

저장 위치를 지정한 후 저장 버튼을 누릅니다.

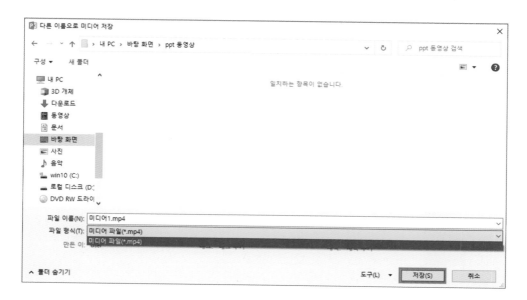

지정된 폴더에 동영상이 저장되었음을 확인할 수 있습니다.

## 3. PPT에서 얼굴 삽입하여 화면 녹화하기

대부분의 교육청에서는 학교에서 교사들이 오피스 365제품을 사용할 수 있도록 업무제휴를 맺고 있습니다. 기존의 오피스 제품을 삭제하고 오피스 365를 설치한 후 교육청에서 제공한 계정으로 로그인을 하면 파워포인트 365 버전을 사용할 수 있습니다. 이 버전은 파워포인트 2019버전과 유사하므로 PPT 화면에 얼굴을 삽입하여 화면을 녹화할 수 있습니다.

영상으로 만들 PPT 파일을 열고 슬라이드 쇼 – 슬라이드 쇼 녹화 버튼을 누릅니다. 현재 슬라이드 부터 녹화를 할 수도 있고 처음부터 녹화를 할 수 있습니다.

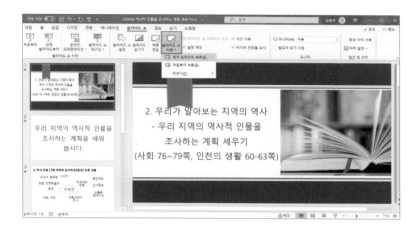

화면의 오른쪽 상단 설정에서 마이크와 카메라를 지정해줍니다. 지정된 카메라는 오른쪽 하단에 사각형으로 나오게 됩니다. 마이크와 카메라 지정이 완료되면 왼쪽 상단에 녹음/녹화 버튼을 누릅니다.

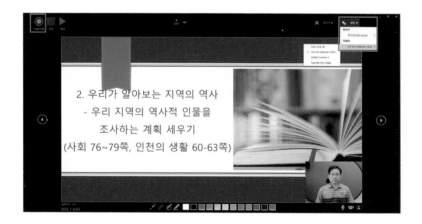

3초 카운트 다운 후 화면 녹화가 시작됩니다.

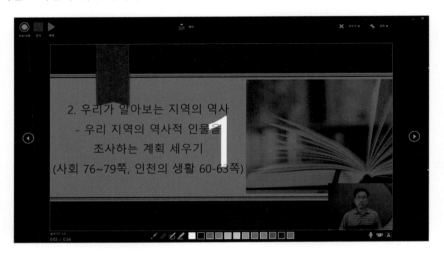

화면 하단에 펜 툴을 이용하여 화면에 필기를 할 수 있습니다. 필기화면 역시 그대로 녹화가 됩니다. 화면 오른쪽 아래의 사람모양 아이콘은 카메라 미리 보기/끄기 버튼입니다. 미리보기를 끄더라도 최종 영상에는 카메라가 나와 있게 됩니다.

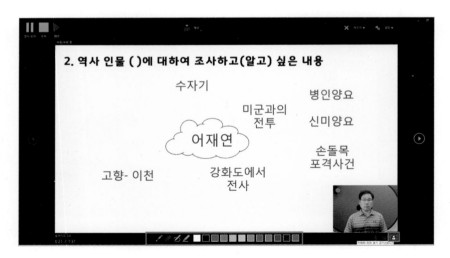

슬라이드쇼 녹화가 마치게 되면 모든 슬라이드 오른쪽 하단에 캠 화면이 나오게 됩니다.

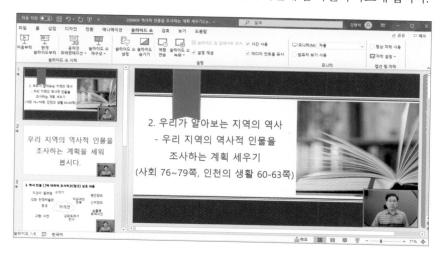

동영상으로 만들기 위해서는 파일 – 내보내기 - 비디오 만들기 – 비디오를 설정한 후에 비디오 만들기 버튼을 누릅니다.

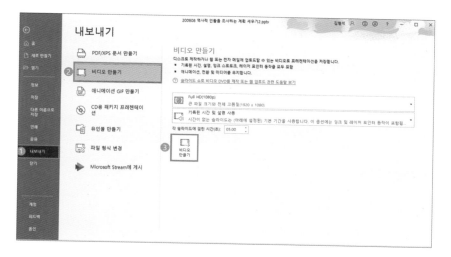

동영상을 저장할 경로를 지정한 후 저장버튼을 누릅니다.

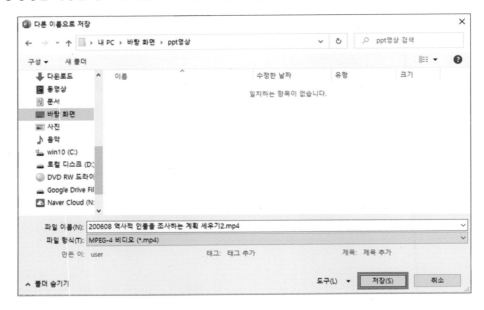

화면 하단에 비디오가 어느 정도 만들어졌는지 진행과정이 슬라이드막대로 표시가 됩니다.

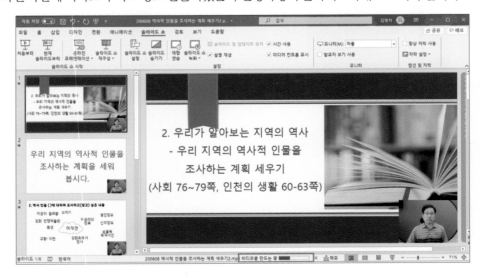

지정한 폴더에 동영상이 만들어졌습니다.

윈도우 키 + I를 누르거나 화면 좌측 하단 시작-설정을 눌러 Windows 설정창으로 이동합니다. 여기에서 게임 메뉴를 선택하여 들어갑니다.

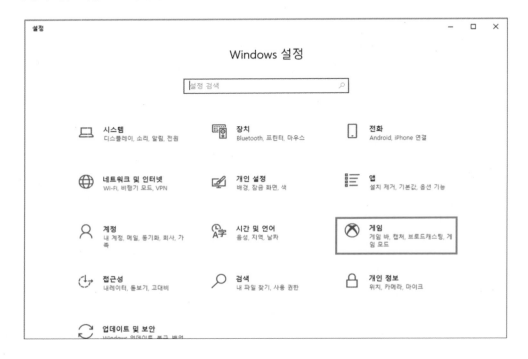

좌측 메뉴에서 게임 바를 선택하고 슬라이드 메뉴를 켬으로 설정합니다. 컨트롤러의 이 단추를 사용하여 게임 바 열기에도 체크를 합니다.

아래에는 단축키를 설정할 수 있도록 되어 있는데 기본값으로 두겠습니다.

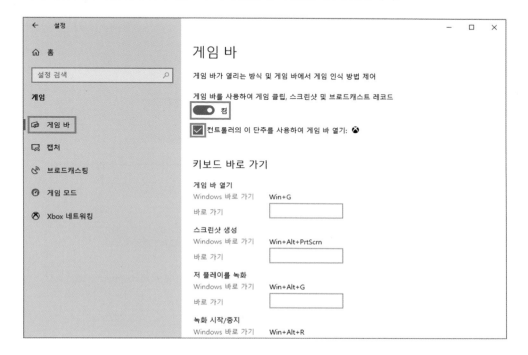

캡처 메뉴에서 동영상 파일이 저장되는 위치를 확인합니다. 기본값은 내 PC → 동영상 → Captures 폴더에 저장이 됩니다. 최대 녹화 길이를 설정합니다. 설정한 시간 만큼만 녹화가 진행되고 그 이후에는 자동으로 종료가 됩니다. 설정한 시간 이전에 사용자가 종료할 수 있습니다. 백그라운드 녹화는 끄는 것이 시스템에 무리를 줄여주게 됩니다.

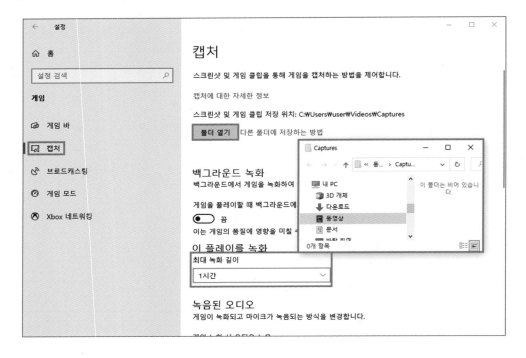

오디오 품질과 비디오의 품질을 설정합니다.

비디오 프레임 속도는 보통 TV는 30fps이고 화면 전환이 빠른 게임의 경우에는 60fps를 사용하므로 학습용 콘텐츠를 만들 때에는 30fps가 적당합니다.

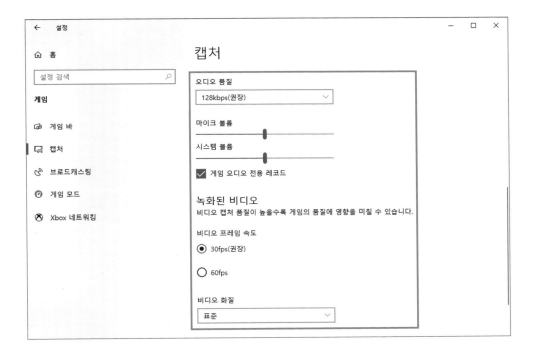

설정을 마치면 녹화하고자 하는 ppt의 슬라이드 쇼를 한 상태에서 Win + G 키를 눌러 게임 바를 엽니다. 좌측 상단에 동그라미 아이콘을 눌러 녹화를 시작할 수도 있으며 Win + Alt + R키를 눌러 녹화를 시작할 수도 있습니다.

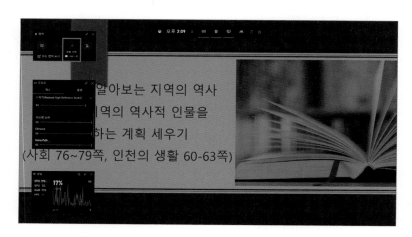

녹화가 시작되면 녹화상태 표시창이 위에 나오게 됩니다. 녹화가 진행되고 있는 창을 움직이거나 창을 내리거나 닫으면 녹화는 자동으로 중지가 됩니다. 또는 녹화 중지 버튼을 눌러 녹화를 중지시킬 수도 있습니다.

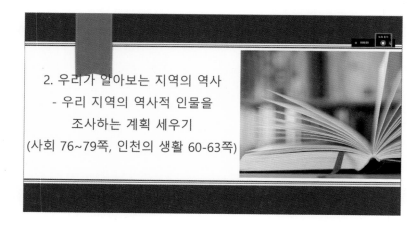

동영상 저장 폴더에 녹화된 동영상이 저장됨을 확인할 수 있습니다.

검색엔진에서 Zoom It을 검색하여 연결된 홈페이지에 접속하여 하단의 파일을 내려 받습니다.

　　내려받은 파일을 압축 해제하고 실행시키면 설정창이 나오게 됩니다. 도구를 자주 사용할 것 같으면 맨 아래에 윈도우 시작시 실행에 체크를 표시하고 OK 버튼을 누릅니다. 오른쪽 아래 상태표시줄에 화면에 돋보기가 있는 아이콘이 생성되는데 더블클릭하여 설정을 변경할 수 있습니다.

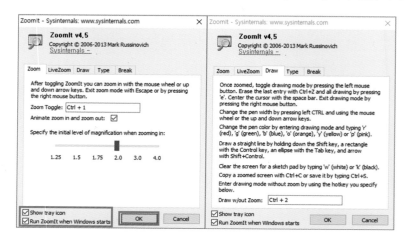

Ctrl+1 키를 누르면 Zoom 모드가 실행되어 화면이 확대됩니다. 이 상태에서 줌인(확대)하려면 마우스의 휠을 위로 올리거나 위 화살표를 누르고, 줌아웃(축소)하려면 반대로 마우스의 휠을 아래로 내리거나 아래 화살표를 누르면 됩니다.

| 주제 | 장영실의 위대한 발명품을 찾아서 |
|---|---|
| 활동 기간 | 20△△년 △△월 △△일~△△월 △ |
| 활동 내용 | • 장영실의 업적 찾기<br>• 장영실이 발명품을 만들게 된 까닭 외<br>• 장영실의 발명품이 우수한 까닭 조시 |
| 활동 방법 | • 인터넷 검색으로 장영실의 발명품과<br>• 장영실 과학 동산에서 자료 수집하기 |

마우스를 옮기면 화면도 이동하게 됩니다. 설명하고자 하는 부분에서 좌클릭을 하면 화면이 고정되면서 Draw 모드로 전환됩니다.

Draw 모드에서 선 색깔은 키보드의 R/G/B/Y 키를 눌러 바꿀 수 있습니다. 마우스 왼쪽 버튼을 누른 상태로는 자유 그리기가 가능하고 직선은 Shift 누르고 그리기, 사각형은 Ctrl 누르고 그리기, 화살표는 Shift + Ctrl을 누른 상태에서 그리면 됩니다. Zoom 모드를 유지하면서 필기모드를 나가려면 마우스 우클릭을 하면 됩니다. 줌 모드로 나가려면 Ctrl+1 또는 esc를 누르면 됩니다.

Ctrl+4를 누르면 LiveZoom모드가 실행되는데 LiveZoom모드는 동영상을 확대하여 보여 줄 때에 유용합니다. LiveZoom모드에서 나가려면 Ctrl+4를 누르면 됩니다.

Ctrl+2를 누르면 Draw 모드로 전환되는데 Zoom 모드에서 화면에 그림을 그리는 것과 같은 내용입니다. 다만 화면 확대가 되지 않았을 뿐입니다.

Ctrl+3은 타이머 기능입니다. 기본값은 10분이지만 마우스 휠을 이용하여 1분 단위로 조정할 수 있습니다.

# 영상
# 편집 도구

## 들어가며

원격학습뿐만 아니라 교수·학습 자료 생성, 학교 업무를 위한 영상 제작 등 영상 편집 기술이 요구되는 경우가 많습니다. 촬영한 영상을 그대로 올릴 수 있으면 좋겠지만 편집 기술이 들어가야만 완성도 높은 영상 제작이 가능합니다.

영상 편집은 크게 3가지로 나누어 볼 수 있습니다. 첫 번째 오디오 편집, 두 번째 자막 편집, 세 번째 영상 화면 편집입니다. 세 가지 편집 기능을 모두 가지고 있는 프로그램도 있고 각각의 기능이 특성화되어 있는 프로그램도 있습니다. 이번 챕터에서 소개해 드릴 편집 프로그램은 AI 보이스봇인 클로바더빙, 자막을 삽입하는 브루, 영상 편집의 종합적 기능을 가진 곰믹스입니다.

클로바더빙은 오디오 생성이 주된 기능이며 자막 삽입까지 가능합니다. 브루는 자막 삽입에 특성화된 프로그램이고 곰믹스는 자막·오디오 삽입, 이미지 삽입, 화면 전환 애니메이션 기능 삽입 등 다양한 영상 편집 기능을 가진 프로그램입니다. 각각의 프로그램 활용법을 알아본 뒤 완성한 동영상을 유튜브에 업로드하는 방법까지 배워보도록 하겠습니다.

# 클로바더빙(Clovadubbing)

## 인공지능 보이스봇 클로바더빙

만반의 준비를 하고 열심히 영상을 녹화해 올리려고 보니….

부정확한 발음, 수시로 바뀌는 말의 빠르기, 집중되지 않는 목소리 톤. 주변 소음과 마이크의 낮은 성능까지 더해지면 결과물은 우리의 이상과 더욱 멀어져갑니다.

'내 목소리가 이렇게 별로였나', '내 발음이 이렇게나 부정확했나'하는 생각에 영상을 올리기 망설여져 다시 녹화하시는 선생님들이 많으실 거라 생각됩니다. 우리는 아나운서, 성우가 아니므로 만족할만한 음성으로 녹음하기가 쉽지 않은 것은 당연합니다.

음성이 마음에 들지 않아도 괜찮아요~ 우리의 목소리와 마이크의 성능까지 모두 해결해주는 클로바더빙이 있으니까요!

클로바더빙은 네이버에서 만든 '인공지능 보이스 더빙' 프로그램입니다. 자막을 문자로 입력한 뒤 원하는 목소리를 선택하여 동영상에 음성을 입힐 수 있습니다. 클로바더빙은 크롬 혹은 네이버 웨일에서 사용 가능합니다. 네이버 웨일은 네이버에서 만든 여러 프로그램을 활용할 수 있는 프로그램 모음집으로 인터넷 익스플로러를 이용할 경우 네이버 웨일을 내려받으신 뒤 사용 가능합니다.

## 클로바더빙 활용 따라해보기

크롬을 통해 클로바더빙을 시작해보겠습니다. https://clovadubbing.naver.com/mypage 에 접속합니다.

홈페이지에 접속하면 다음과 같은 팝업창이 뜹니다. 무료사용 신청하기를 클릭하고 아래의 이용동의서를 작성합니다.

간단한 동의 과정만 거치면 2020년까지 누구나 클로바더빙을 무료로 이용가능합니다.

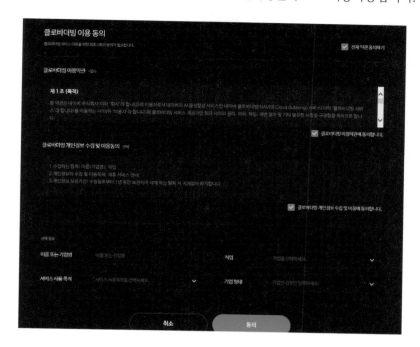

새 프로젝트 시작하기 버튼을 클릭하고 프로젝트명을 입력합니다. 편집할 동영상 강아지의 이름이 호두이므로 저는 '호두'로 설정했습니다.

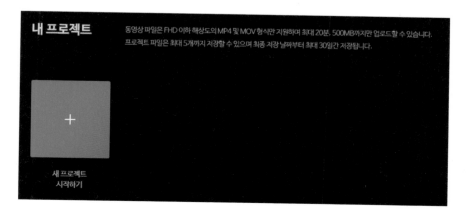

클로바더빙 이용방법은 크게 세 가지의 단계로 나눌 수 있습니다. 첫 번째 시작하기, 두 번째 더빙하기, 세 번째 내려받기입니다.

## 1. 시작하기

첫 번째 시작하기입니다. 클로버 더빙은 〈동영상 파일〉과 〈오디오 파일〉 두 가지로 파일을 제작할 수 있습니다.

(1) 〈동영상 파일〉은 mp4, mov 형식만 지원하며 최대 20분(500MB) 까지 업로드가 가능합니다. 동영상 파일 제작을 원하는 경우 '동영상 추가' 버튼을 누른 뒤 더빙과 효과음을 추가하여 작업 하면 됩니다.

(2) 〈오디오 파일〉은 최대 20분까지 오디오 파일을 제작할 수 있습니다. 오디오 파일 제작을 원하는 경우 동영상 추가 없이 '더빙 추가'와 '효과음 추가'만을 활용하면 됩니다.

강아지 〈동영상 파일〉을 만들어보도록 하겠습니다.

① 구글 드라이브에서 '호두' 동영상을 다운로드 합니다.
② 동영상 추가 버튼을 눌러 '호두' 동영상을 불러옵니다.

## 2. 더빙하기

두 번째 더빙하기입니다. 상단 중앙의 더빙 추가 영역과 오른쪽 상단의 효과음 추가 영역을 활용하여 더빙을 시작합니다.

더빙 추가 영역 텍스트 상자에 더빙할 문장을 작성하고 보이스를 선택합니다. 보이스는 대표적으로 4가지가 있으며 옆의 전체 보기 버튼을 누르면 다양한 보이스의 종류가 제공됩니다. 기본적으로 한국의 성인 남성, 성인 여성, 남자 아동, 여자 아동의 목소리가 제시되며 일본어에 적합한 토모코, 영어에 적합한 매트 등 외국어를 위한 보이스도 있습니다. 아래의 미리 듣기 버튼을 눌러 입력한 문장이 자연스러운지, 보이스가 어울리는지 확인할 수 있습니다.

&lt;tip&gt; 아래의 사항을 참고하면 더 자연스러운 더빙이 가능합니다.


1. 읽어주길 원하는 방식 그대로 적기

문장의 흐름이나 작성자의 의도에 따라 숫자, 영어, 기호, 약어 등의 읽는 방식이 다양할 수 있습니다. 되도록 풀어서 쓰거나, 한글로 기재해주세요.

&lt;예시&gt;

- 1/3 : 한시 삼분, 일월 삼일, 삼분의 일

- 200G : 이백 그램, 이백 기가


2. 맞춤법에 맞게 띄어쓰기

자연스럽게 읽을 수 있도록 올바른 맞춤법에 맞게 띄어쓰기해주세요.


3. 마침표(.), 쉼표(,), 물음표(?), 느낌표(!)로 문장 호흡 조절하기

쉼표로 문장에 여유로운 호흡을 더해주거나 마침표, 물음표, 느낌표로 문장을 자연스럽게 끝맺을 수 있습니다.

<출처:네이버 클로바더빙 고객센터>

**강아지 동영상에 더빙할 내용은 다음과 같습니다.**

안녕하세요. 저는 호두예요.(개 효과음)

저는 사 개월 된 말티푸입니다.

이빨이 자라고 있어서 간지러워요.(웃음 효과음)

제 연주 들어보실래요?

예방접종이 안 끝나서 산책은 누나 품에서 한답니다.

벌써 잠이와요...

지금까지 호두였습니다.

**시작해 보겠습니다.**

1) 더빙추가

① 더빙 추가 영역의 텍스트 상자에 문구를 작성합니다.(안녕하세요. 저는 호두예요)

② 위의 보이스 종류 중 하준을 선택합니다. 호두가 어린 남자 강아지이기 때문에 하준의 보이스를 선택하였습니다.

③ 아래의 미리 듣기 버튼을 누르면 음성을 들어볼 수 있습니다.

④ 음성이 마음에 든다면 오른쪽 하단의 더빙추가 + 버튼을 클릭합니다.

맨 아래의 초록색 다운로드 버튼을 클릭하면 세 가지 유형이 제시됩니다.

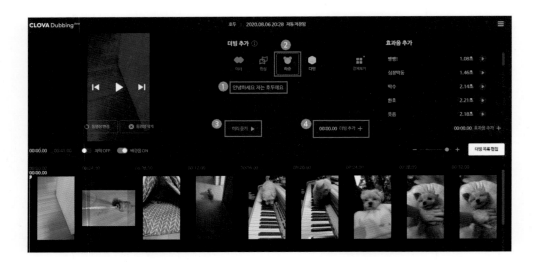

## 2) 효과음 추가

다음으로 효과음을 추가해 보겠습니다.

① 여러 가지 효과음 중 '개' 효과음을 선택합니다.

② 재생 버튼을 눌러 들어보고 오른쪽 하단의 효과음 추가 버튼을 클릭합니다.

두 가지의 작업을 마치면 하단의 오디오 목록에 더빙과 효과음이 생성된 것을 확인할 수 있습니다. 같은 방법으로 위의 자막 대본에 따라 더빙을 모두 생성하면 아래와 같이 오디오 목록이 완성됩니다.

완성된 동영상은 화면 가운데의 재생 버튼을 클릭하여 확인할 수 있습니다.

## 3. 내려받기

세 번째 내려받기입니다. 완성된 파일은 세 가지의 유형으로 나누어 내려받을 수 있습니다.

(1) 〈개별 더빙 파일〉로 내려받을 경우 각각의 더빙이 개별 파일로 저장됩니다.

(2) 〈음원 파일〉로 내려 받을 경우 더빙과 효과음이 합쳐져 1개의 파일로 저장됩니다. 이것 이 곧 첫 번째 단계에서 말씀드린 오디오 파일입니다.

(3) 〈영상 파일〉로 내려 받을 경우 더빙이 동영상에 더해져 1개의 파일로 저장됩니다.

맨 아래의 초록색 다운로드 버튼을 클릭하면 세 가지 유형이 제시됩니다.
동영상과 오디오가 하나로 합쳐진 영상 파일로 내려받기를 합니다.

+) 자막추가
추가로 동영상에 오디오뿐만 아니라 자막을 추가하는 것도 가능합니다.

동영상을 내려받기 전 왼쪽 상단의 동영상 미리 보기 화면 아래에 자막 off 버튼이 있습니다. 이 것을 클릭하면 더빙할 때 작성한 문구가 모두 자막으로 재생됩니다.

　구글 드라이브에서 '호두-클로바더빙(자막 있음)' 파일을 통해 완성된 샘플 영상을 확인할 수 있습니다. 클로바더빙이 다른 프로그램과 차별화되는 가장 중요한 기능은 AI 보이스봇이라는 점 입니다. 완성된 오디오 파일을 영상에 삽입할 수 있는 기능을 가진 프로그램은 많지만 클로바더빙 처럼 인공지능이 입력된 텍스트를 음성으로 바꾸어 삽입해 주는 프로그램은 없습니다. 실제로 클 로바더빙의 목소리는 이미 다양한 영상에서 사용되어 우리에게 꽤 익숙합니다. 2020년까지만 무 료로 사용 가능하다는 아쉬움이 있지만 깨끗하고 명확한 인공지능의 목소리로 영상의 완성도 를 높일 수 있다는 점에서 매우 유용한 영상 편집 프로그램 입니다. 유의할 점은 반드시 출처를 영 상 내 워터마크 또는 자막으로(Clova dubbing) 명시해 주셔야 하며 기업의 마케팅 등 상업적인 용 도로 절대 사용할 수 없다는 것입니다.

# 02

# 브루(Vrew)

## 자막 생성 프로그램 브루(Vrew)

　클로바더빙은 오디오와 자막을 함께 생성할 때 유용한 프로그램입니다. 지금 소개해드릴 Vrew 는 이미 오디오가 삽입된 동영상에 자막을 생성하고자 할 때 사용할 수 있는 프로그램입니다. 프로그램이 영상의 음성을 분석하여 자막을 생성해 주기 때문에 특히 길이가 긴 영상에 자막을 삽입해야 할 때 유용합니다. 우리가 휴대전화로 활용하는 보이스봇 '시리'나 '빅스비'처럼 인공지능이 음성을 인식하는 것이므로 음성이 부정확하거나 빠른 경우 잘못된 자막이 생성되기도 하지만 부분적으로 수정할 수 있으며 음성이 없는 곳에도 추가로 자막을 삽입할 수 있습니다.

## 브루(Vrew) 활용 따라해보기

### 1. 시작하기

① https://Vrew.voyagerx.com/ko/# 에 접속합니다. 가운데의 무료 다운로드 버튼을 클릭하여 프로그램을 다운받습니다.

② 프로그램을 실행하여 왼쪽 상단의 '새 영상 파일로 시작하기'를 클릭합니다.

　클로바더빙에서 만든 호두의 영상 중 자막이 들어가지 않은 파일을 활용해보겠습니다.

③ 구글 드라이브에서 '호두-클로바더빙(자막없음)'을 내려받은 뒤 선택합니다.

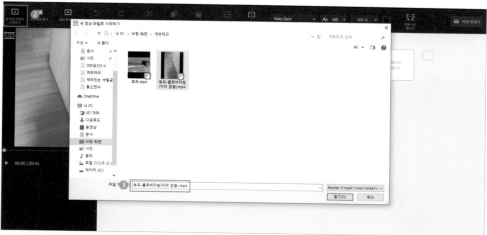

④ 파일을 선택한 뒤 음성인식 언어를 선택해야 합니다. 해당 동영상에서 사용된 언어를 선택합니다. 호두의 동영상은 클로바더빙에서 한국어를 활용하였으므로 한국어를 선택합니다.

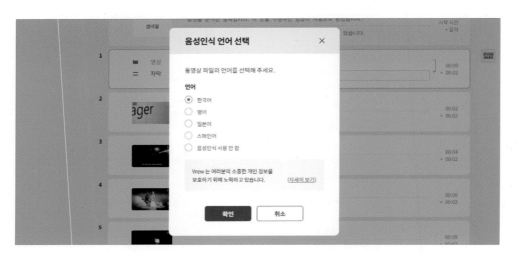

Vrew가 스스로 동영상의 음성을 분석하여 아래와 같이 자막을 만들어줍니다. 음성이 정확한 경우 자막의 정확성도 높아집니다.

## 2. 자막 수정

잘못된 자막이 생성된 경우를 키보드를 통해 아래와 같이 직접 수정하면 됩니다. 검은색으로 윗줄에 표시된 것이 Vrew가 생성한 자막이며 아래의 파란색 글씨는 키보드를 통해 수정이 가능한 부분입니다. 파란색 글씨를 클릭하면 수정이 됩니다.

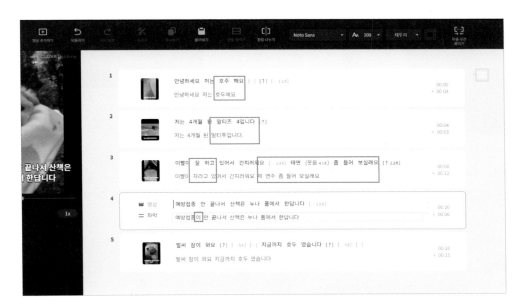

## 3. 워터마크

자막 오른편의 파란색 네모 상자는 브루의 워터마크입니다. 네이버 클로바더빙과 달리 워터마크 표시가 의무가 아니므로 마우스 커서를 올려 엑스 표시를 클릭해 삭제할 수 있으며 워터마크의 종류를 바꿀 수도 있습니다. 워터마크를 클릭하여 이동시키면 위치 설정 또한 가능합니다. 다음 그림은 워터 마크를 왼쪽 상단에 위치시켜본 모습입니다.

## 4. 글자 편집

다음은 자막의 글자 모양과 글자 크기, 배경색, 글자색 등을 바꾸는 방법입니다. 상단의 메뉴탭에서 자막을 선택하면 자막과 관련된 다양한 탭이 나타납니다.

다음 그림은 글자모양 맑은고딕, 글자크기 150, 배경색 주황색을 설정한 예시입니다. 색의 투명도, 글자 정렬 방법, 줄 간격도 설정할 수 있습니다.

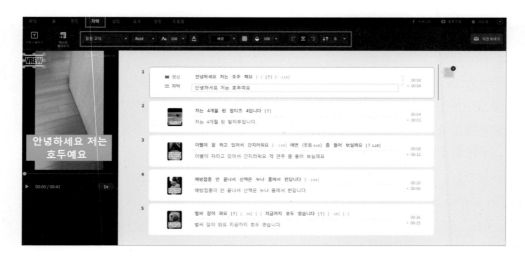

## 5. 무음 구간 줄이기

다음 기능은 무음 구간 줄이기입니다. 이는 영상에서 음성과 자막이 없는 부분을 삭제할 수 있는 기능입니다. 무음 구간을 줄일 시 무음 구간 부분의 영상이 삭제됩니다. 상단 메뉴의 편집 탭을 선택하면 '무음 구간 줄이기' 버튼이 있습니다. 이를 누르면 오른쪽에 무음 구간이 몇 초인지, 이것을 몇 초로 줄일 것인지가 나타납니다. 아래의 적용하기 버튼을 누르면 음성과 자막이 없는 부분의 동영상이 모두 제거되어 41초의 동영상이 26초 분량으로 줄어드는 것을 확인할 수 있습니다. 무음 구간 줄이기를 취소하고 싶은 경우 왼쪽 상단의 '되돌리기'를 선택하면 됩니다.

## 6. 다양한 편집 기능

다음은 다양한 편집 기능입니다.

각각의 클립에 마우스 커서를 위치하고 마우스 오른쪽 버튼을 누르면 다양한 옵션이 나타납니다. '자르기', '복사하기'를 활용해 클립의 순서를 편집하거나 반복할 수 있습니다. '마커' 기능은 클립의 앞부분에 색깔을 표시해 주어 다른 사람과 함께 작업할 때 소통하거나 기억해야 할 부분을 표시하는데 활용할 수 있습니다. 예를 들면 '빨간색 마커가 표시된 클립 뒤로 넘기는 게 좋겠어요.' 등의 의견 교환이 가능합니다. '무음 구간 줄이기'는 해당 클립에서 부분적으로 무음 구간을 줄이고 싶을 때 활용할 수 있습니다. 앞 부분에 설명한 무음 구간 줄이기는 전체 영상의 무음 구간을 줄이지만 여기에서 편집할 경우 해당 클립에만 무음 구간 줄이기가 적용됩니다. '자막 지우기' 또한 부분적으로 자막을 지우고 싶은 경우 활용 가능합니다. 마지막으로 '이미지 삽입'은 해당 클립에 원하는 이미지를 추가할 수 있는 기능입니다.

## 7. 필터 및 반전

다음으로 상단 메뉴의 효과 탭을 선택하면 필터 기능과 반전 기능을 활용할 수 있습니다.

① 필터 기능입니다. 영상 화면의 색감을 바꿀 수 있습니다.

② 반전 기능입니다. 화면의 좌우와 상하를 모두 반전시킬 수 있습니다.

## 8. 저장하기

마지막으로 완성된 파일을 저장해야 합니다. 상단의 파일 탭을 누르면 다양한 저장 버튼이 나타납니다. 〈프로젝트 저장하기〉와 〈다른 프로젝트로 저장하기〉는 Vrew 프로그램으로 저장이 되므로 다른 사람과 함께 편집 작업을 하거나 이후에 추가 작업이 필요할 때 사용합니다. 〈영상으로 내보내기〉는 완성된 자막을 동영상, 음성과 함께 하나의 파일로 저장하는 방법입니다. 〈다른 형식으로 내보내기〉는 아래의 옵션 사항에 보이는 것처럼 투명 배경에 자막만 있는 영상으로 저장하거나 자막파일 혹은 텍스트 등으로 저장하는 방법입니다.

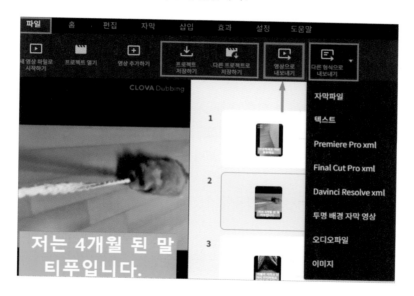

이미 언급했듯이 브루는 음성이 있는 동영상을 편집할 때 유용하며 영상의 길이가 긴 경우 자막을 일일이 작성하지 않아도 된다는 장점이 있습니다. 하지만 프로그램이 영상을 분할하며 분할된 영역 안에서 자막이 모두 이어서 재생된다는 단점이 있습니다. 즉, 호두의 동영상은 5개의 부분으로 분할되었으며 이를 제작자가 더 나눌 수 없다는 것입니다. 이에 따른 단점으로는 한 영역에 작성된 자막을 차례대로 재생시킬 수 없고 자막이 모두 한 번에 재생된다는 것입니다. 예를 들면 3번 영상 속 '이빨이 자라서 간지러워요.' 와 '제 연주 좀 들어보실래요?'라는 자막은 전혀 다른 내용으로 자막이 차례로 나타나야 하지만 두 문장이 동시에 제시됩니다.

# 03

# 곰믹스 프로(GOM Mix Pro)

## 영상 편집 프로그램 곰믹스 프로

휴대전화로 간단하게 사용할 수 있는 어플리케이션부터 업체에서 사용하는 정밀한 프로그램까지 시중에는 다양한 영상 편집 프로그램이 있습니다. 그 중 컴퓨터로 사용할 수 있는 무료 영상 프로그램인 곰믹스를 사용해보겠습니다. 포털사이트에 곰믹스를 검색하면 '곰믹스'와 '곰믹스 프로' 버전 두 가지가 나타납니다. 두 가지 모두 무료 프로그램으로 이후 프로그램 내에서 추가 결제하여 업그레이드 된 버전으로 사용이 가능합니다. 곰믹스 프로를 다운하여 사용해보겠습니다.

[주의]
곰앤컴퍼니에서 다음과 같은 주의 사항을 안내하고 있으니 교육용으로 제작하여 배포하실 경우 프로그램을 구매 후 사용하셔야 함을 안내드립니다.

안녕하세요, GOM Support Team입니다.

기업, 교육(학교), 공공기관에서 곰믹스(무료/프로) 및 곰캠(무료/베이직/프로)등 GOM 소프트웨어를 이용하실 경우, 소프트웨어 및 편집물 배포/유통/활용 등에 따른 저작권법 저촉에 대해 문제가 생길 경우 곰엔컴퍼니는 사용처에 책임을 물을 수 있으니 이 점 유의하시어 정품 구매 전 '체험' 목적으로만 사용해 주시기 바랍니다.

## 곰믹스 활용 따라하기

곰믹스 프로를 이용하여 영상을 편집할 때 크게 5가지의 기능을 사용할 수 있습니다. 텍스트, 이미지, 템플릿, 오버레이 클립, 필터, 영상 전환 다섯 가지 기능에 대해 자세하게 알아보도록 하겠습니다.

### 1.영상 불러오기
우선 모든 작업에 선행하여 영상을 불러와야 합니다.

① 미디어 소스 탭을 선택한 뒤 파일 추가 버튼을 눌러 파일 두 개를 불러옵니다.

　구글 드라이브의 '호두-클로바더빙(자막 있음)' 동영상과 '호두-클로바더빙(자막 없음)' 동영상을 사용하도록 하겠습니다. 두 개의 파일을 불러오는 이유는 영상이 전환될 때 화면 편집 기능을 활용해보기 위함입니다.

② 두 개의 영상이 불러오기 되면 각각을 더블 클릭하여 아래의 스토리 보드에 나타나게 합니다.

이후 모든 작업을 취소하거나 되돌리기를 할 때는 스토리보드에서 해당 영역을 선택한 뒤 스토리보드 상단의 휴지통 버튼을 누르면 됩니다.

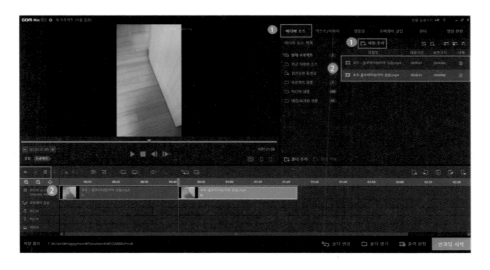

## 2. 텍스트

### 1) 텍스트 입력

텍스트 기능은 자막 기능 입니다.

① 스토리보드의 스포이드처럼 생긴 빨간 막대기를 첫 번째 영상의 맨 뒷부분으로 옮깁니다. 이곳에 텍스트(자막)을 넣어 보도록 하겠습니다.

② 텍스트/이미지 탭을 선택합니다.

③ 텍스트 추가 버튼을 누른 후 입력하고자 하는 문구를 작성합니다.

'다음에 만나요~' 라는 텍스트를 입력하겠습니다.

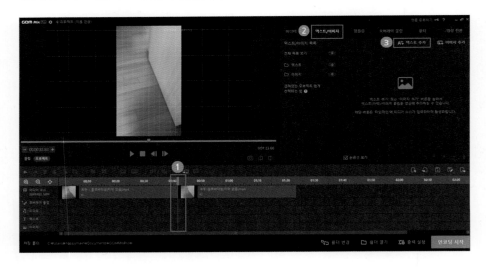

### 2) 텍스트 편집

텍스트 편집 기능은 위·아래 두 줄로 나뉘어 있습니다. 윗줄의 기능 먼저 사용해보겠습니다. 가장 왼쪽의 블록으로 글씨체를 설정할 수 있습니다. 산돌 똥강아지체를 선택하였습니다. 옆의 블록에서 글씨 크기를 설정할 수 있습니다. 72로 설정하겠습니다. S자 블록은 스타일을 설정하는 블록입니다. 빨간 배경에 하얀 글자 모양을 선택하겠습니다. 글자 굵기, 기울임, 밑줄을 선택할 수 있고 글자의 정렬을 선택할 수 있습니다. 알파벳 A는 차례로 텍스트 색, 텍스트 윤곽선 색,

텍스트 배경 색, 텍스트 그림자 색입니다. 스타일을 설정하였으므로 각각의 텍스트 관련 색 설정은 하지 않도록 하겠습니다.

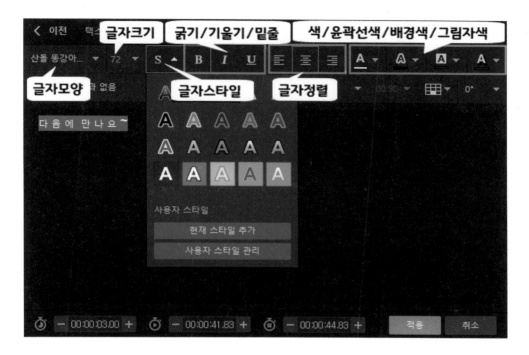

다음으로 아랫줄의 텍스트 편집 기능을 활용해보겠습니다. 가장 왼쪽은 텍스트의 나타나고 사라지는 효과를 설정할 수 있는 블록입니다. 나타내기는 '도장 찍기', 사라지기는 '영역 양쪽으로 사라지기'를 선택합니다. 나타내기의 시간은 0. 05초로 사라지기의 시간은 0.8초로 설정합니다. 옆의 격자무늬는 자막이 위치할 곳을 설정할 수 있는 블록입니다. 중앙 하단으로 선택합니다. 가장 오른쪽의 각도는 텍스트의 회전 각도를 설정할 수 있는 블록입니다. 0도로 설정하겠습니다.

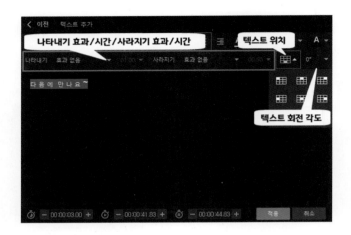

### 3) 텍스트 재생 시간

　마지막으로 텍스트 재생 시간을 설정합니다. 텍스트 상자의 하단을 보면 세 가지의 시간이 보입니다. 가장 왼쪽의 시간은 텍스트 재생 시간입니다. 3초로 설정해 봅시다. 가운데의 빨간색 재생 버튼 옆의 시간은 영상에서 텍스트가 재생되는 부분의 시간을 나타냅니다. 마지막으로 파란색 정지 버튼 옆의 시간은 영상에서 텍스트가 사라지는 시간을 나타냅니다. 텍스트의 재생 및 마무리 시간은 앞서 말씀드린 것처럼 스토리보드의 빨간색 스포이드 모양을 이동하여도 되고 이 블록을 활용해도 됩니다. 시간 설정까지 완료가 되면 적용 버튼을 누릅니다. 적용 버튼을 누르지 않으면 작업이 적용되지 않습니다.

4) 텍스트 생성 확인

작업을 적용하면 아래와 같이 스토리보드에 텍스트가 하나 생성되고 텍스트/이미지 탭에도 텍스트가 하나 생성되는 것을 확인할 수 있습니다.

## 3.이미지

다음은 이미지 작업입니다. 이미지는 컴퓨터에 저장된 사진이나 이미지를 이용하거나 곰믹스에서 제공해 주는 이미지를 이용할 수 있습니다. 곰믹스의 애니메이션을 이용해보도록 하겠습니다.

① 텍스트/이미지 탭을 선택합니다.
② 스토리보드의 빨간색 스포이드를 원하는 장면으로 이동시킵니다. 강아지가 피아노 연주를 시작하는 곳에 위치 시킵니다.
③ 이후 왼편의 이미지 버튼을 누른 후 이미지 추가 버튼을 누릅니다.

전체 목록 보기 하위에 기본이미지, 애니메이션 이미지 탭이 있습니다.

④ 이 중 애니메이션 이미지를 선택합니다. 스크롤을 내려 발자국을 선택합니다.

⑤ 화면에 발자국이 나타나게 됩니다. 원하는 위치에 발자국 애니메이션을 위치시킵니다.

⑥ 텍스트와 마찬가지로 하단에 애니메이션 재생시간, 애니메이션 시작 시간, 애니메이션 종료 시간이 나타납니다. 애니메이션을 3초 재생되도록 설정하고 적용 버튼을 클릭합니다.

⑦ 애니메이션이 생성된 것을 스토리보드와 텍스트/이미지 탭에서 확인 가능합니다.

## 4.템플릿

템플릿은 영상의 화면을 꾸밀 수 있는 기능입니다. 역시나 곰믹스에서 제공하는 다양한 형식이 있습니다. 대부분의 템플릿은 유료이니 필요에 따라 추가 결제 후 사용하면 됩니다. 액자틀과 같은 템플릿부터 다양한 스타일의 제목 자막까지 있으니 둘러보시기 바랍니다. 다양한 템플릿중 무료인 템플릿을 사용해 보겠습니다.

### 1) 템플릿 생성

① 템플릿 탭을 선택합니다.

② 스토리보드의 빨간색 스포이드를 원하는 곳에 위치시킵니다.

③ 왼쪽의 여러 메뉴 중 애니메이션을 클릭합니다.

④ '파티 배경 – 연결'을 선택합니다.

⑤ 하단의 적용 버튼을 클릭합니다.

## 2) 템플릿 생성 확인 및 템플릿 텍스트 설정

애니메이션을 삽입하는 경우 오버레이 클립에 작업물이 생성됩니다. 템플릿의 종류에 따라 이미지에 작업물이 생성되기도 하고 오버레이 클립에 생성되기도 합니다.

① 아래의 스토리보드를 보면 오버레이 클립 영역에 2개의 작업물과 텍스트에 1개의 작업물이 생성된 것을 확인할 수 있습니다.

템플릿의 텍스트 내용을 입력해보도록 하겠습니다.

② 텍스트/이미지 탭으로 이동하여 텍스트를 선택합니다.

③ 상단에 T3 '내용을 입력하세요.'의 새로운 텍스트가 생긴 것이 보입니다. 이를 더블 클릭합니다.

④ 텍스트의 내용을 '호두의 자기소개'로 수정합니다.

⑤ 하단의 텍스트 재생시간을 2초로 설정한 뒤 적용 버튼을 누릅니다.

이렇게 하나의 템플릿을 적용해 본 모습은 다음과 같습니다.

## 5.오버레이 클립

오버레이 클립은 템플릿의 확대판이자 영상의 흐름을 매끄럽게 해주는 기능입니다. 오버레이 클립을 두 가지 적용해보도록 하겠습니다.

### 1) 파티클

① 오버레이 클립 탭을 선택합니다.

② 메뉴 중 파티클을 선택합니다.

③ 스토리보드의 빨간색 스포이드를 원하는 구간으로 이동시킵니다. 강아지가 산책하러 나간 부분에 위치시키도록 하겠습니다.

④ '샤이니 01'을 선택합니다.

⑤ 파티클 재생시간을 3초로 설정하고 적용 버튼을 클릭합니다.

⑥ 스토리보드에 오버레이 클립이 하나 생성되는 것을 확인할 수 있습니다.

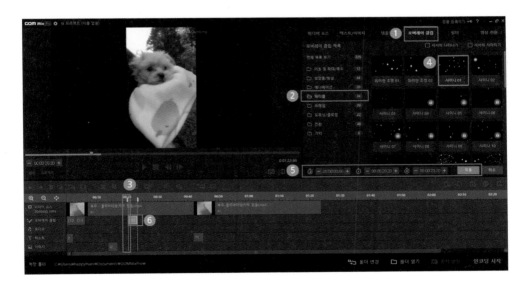

## 2) 이동 및 확대

다음으로 영상 화면의 일부를 확대했다 전체로 보여주는 효과를 활용해보겠습니다.

① 오버레이 클립 탭을 선택하고 메뉴의 '이동 및 확대/축소'를 선택합니다.

② 스토리보드의 빨간색 스포이드를 두 번째 영상이 시작하는 부분에 위치시킵니다.

③ 다양한 옵션 중 '왼쪽 클로즈업→전체화면'을 선택합니다.

④ 재생시간을 2초로 설정한 뒤 적용 버튼을 누릅니다.

이후 영상이 재생될 때 왼쪽 화면이 확대되었다가 전체화면으로 변화하는 모습을 확인할 수 있습니다.

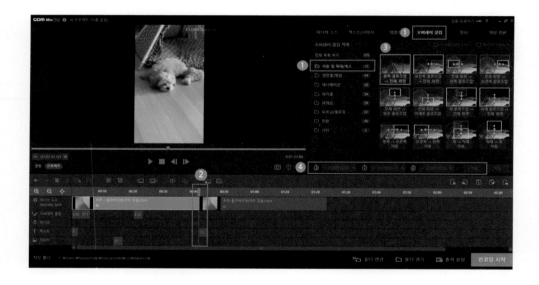

## 6. 필터

필터는 화면의 선명도나 밝기, 색에 변화를 줄 수 있는 기능입니다. 첫 번째 영상의 마지막 부분에 필터를 적용해보도록 하겠습니다.

① 필터탭을 선택한 뒤 스토리보드의 미디어 소스 중 필터 효과를 적용하고 싶은 영상을 클릭합니다.

② 메뉴의 '전환형'을 클릭하고 '기본→그레이' 필터를 선택합니다.

여기서 중요한 것은 적용 시간입니다. 이전의 기능과는 다르게 시작과 끝 선택지와 시간 탭이 있습니다. 시작을 선택하고 초를 입력하면 시작 후 몇 초 동안 이 필터를 사용할지를, 끝을 선택하고 초를 입력하면 영상의 끝을 기준으로 몇 초전부터 이 필터를 사용할지 설정하게 되는 것입니다.

③ 영상의 끝부분만 흑백으로 변화하게 하기 위해서는 끝을 선택하고 재생시간 3초를 설정합니다.

④ 이후 적용 버튼을 누르면 스토리보드의 미디어 소스에 'fx'라는 기호가 표시됩니다.

필터 효과를 해제하고 싶은 경우 필터 탭 아래의 'fx 효과 적용 해제'를 선택하면 됩니다.

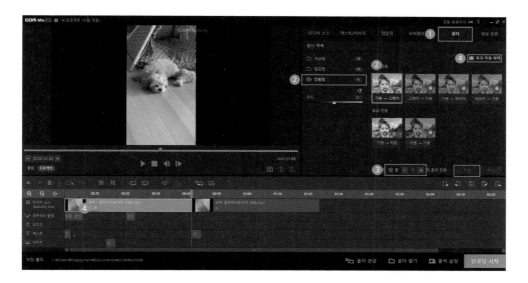

## 7.영상 전환

마지막으로 영상 전환입니다. 영상 전환은 첫 번째 영상에서 두 번째 영상으로 넘어갈 때 화면에 전환 효과를 주는 기능입니다. 앞서 오버레이 클립에서 이동 및 확대/축소 기능과 비슷한 효과인데요, 오버레이클립의 이동 및 확대/축소 기능은 하나의 영상 안에서 화면을 부분 확대하고 강조하고 싶은 곳에 사용할 수 있지만, 영상 전환은 두 개 이상의 영상이 있어야 하며 영상이 바뀌는 부분에만 적용할 수 있다는 차이점이 있습니다.

① 영상 전환 탭을 선택한 뒤 미디어 소스에서 두 번째 영상을 선택합니다.

② 다양한 옵션 중 '가로회전 날아가기'를 선택하고 적용 버튼을 누릅니다.

## 8. 저장하기

이렇게 곰믹스의 모든 기능을 활용해보았습니다.

① 만든 영상은 아래의 인코딩 시작 버튼을 눌러 저장하면 됩니다.

곰믹스는 종합적인 영상 편집 기능이 탑재된 프로그램으로 텍스트(자막)부터 필터, 영상 전환 등 앞서 말씀드린 브루와 클로바더빙의 기능 중 많은 부분을 포함하고 있습니다. 단, 이 또한 클로바더빙의 AI 보이스봇 기능은 없으므로 오디오 파일 생성은 불가능합니다. 또 하나의 단점은 오디오 파일을 추가로 삽입할 수 없으므로 영상 파일과 오디오 파일이 분리된 경우 다른 프로그램을 활용해 오디오를 삽입하고 작업해야 한다는 것입니다.

# 04

# 유튜브(YouTube) 영상 올리기

## 영상 공유하기, 유튜브 영상 업로드

지금까지 배운 것들을 바탕으로 영상을 만들었다면 이를 학생 혹은 동료 교사들과 공유하기 위한 플랫폼이 필요합니다. 많은 플랫폼이 있으나 요즘 학생들이 가장 많이 사용하는 유튜브를 활용하도록 하겠습니다. 학생들은 궁금한 것이 생기면 포털사이트가 아닌 유튜브에서 검색할 정도로 이미 유튜브의 사용이 생활화되었습니다. 이런 상황에 COVID-19로 온라인 수업까지 진행되며 교사들도 유튜브 사용을 피할 수 없게 되었습니다. 지금부터 유튜브에 영상을 올리는 방법을 알아보겠습니다.

## 1. 시작하기

① 크롬으로 유튜브에 접속하여 로그인합니다.

② 상단의 오른쪽에 아래와 같이 카메라 기호에 +가 그려진 것을 클릭합니다.

③ 동영상 업로드와 실시간 스트리밍 시작 두 가지의 옵션이 제시됩니다. 이 중 동영상 업로드를 선택합니다.

④ 파일 선택을 누르고 완성한 '호두(곰믹스)' 영상을 선택합니다.

## 2. 영상 올리기 – 세부 정보

① 제목을 입력하고 동영상에 대한 설명을 작성합니다.

　　이곳에 작성한 내용은 이후 동영상 재생 페이지에 줄글로 나타나게 됩니다.

② 미리 보기 이미지 버튼을 누르고 구글드라이브에 있는 '썸네일' 파일을 선택합니다.

　미리보기 이미지란 동영상을 선택하기 전 동영상 목록에서 정지화면으로 보이는 동영상의 화면으로 썸네일이라고 부르기도 합니다. '미리보기 업로드' 버튼 오른쪽으로 유튜브가 자동으로 선정한 동영상의 장면 중 한 가지를 선택하여 설정할 수 있으며 맨 앞의 '미리보기 업로드' 버튼을 통해 설정할 수도 있습니다.

　기본적으로 제목, 설명, 썸네일의 옵션만 설정하면 다음 단계로 넘어갈 수 있습니다. 하지만 추가 기능을 익히기 위해 아래의 화살표를 눌러 영상에 대한 추가적 속성을 설정하도록 하겠습니다.

③ 시청층을 선택합니다. 강아지 동영상은 아동용이 아니므로 아동용이 아님을 선택합니다.—아니요. 아동용
   이 아닙니다.

④ 아래의 시청자 연령 제한도 선택합니다.— 아니요, 동영상 시청자를 만 18세 이상으로 제한하지 않습니다.

⑤ 유료 프로모션은 내가 제작한 동영상에 타인이 대가를 지불하여 나의 동영상에 제품이나 서비스가 담겨있
   는 경우에만 선택합니다. —선택하지 않음.

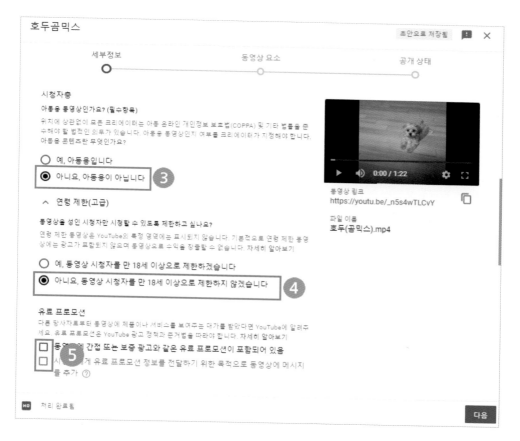

⑥ 태그 : 말티푸, 강아지, 호두, 개

　　태그는 관련되었다고 판단되는 단어를 입력한 뒤 콤마를 입력하면 자동 생성됩니다. 개수 제한은 없으며 시청

　　자가 동영상을 찾을 때 관련 동영상을 구분하는 기준이 됩니다.

⑦ 언어는 동영상에서 사용된 언어인 한국어를 선택합니다.

⑧ 녹화 날짜 및 위치는 동영상을 녹화한 날짜와 위치를 말하는 것인데 반드시 입력할 필요는 없습니다. 이 또

　　한 시청자가 날짜별로 동영상을 검색할 때 활용하는 기능입니다.

⑨ 퍼가기를 허용할지를 선택합니다.–선택

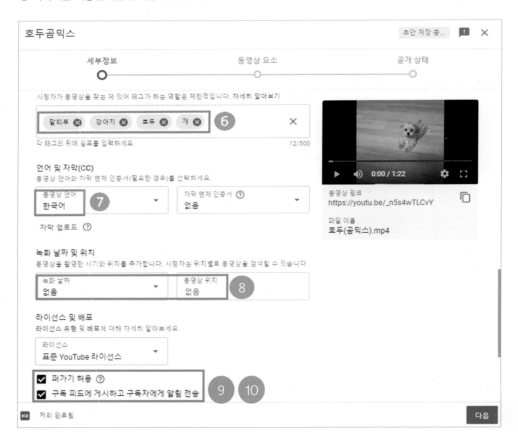

⑩ 구독 피드에 게시하고 구독자에게 알림을 전송할지도 선택 가능합니다.-선택

⑪ 카테고리는 영상과 관련된 애완동물/동물을 선택합니다.

⑫ 댓글 옵션 – 부적절한 댓글은 검토한 뒤 작성되는 옵션을 선택합니다.

⑬ '좋아요, 싫어요'를 누른 시청자 수를 표시할지의 여부를 선택합니다.-선택

⑭ 다음 버튼을 눌러 다음 단계로 넘어갑니다.

### 3. 영상 올리기 – 동영상 요소

두 번째로 동영상에 추가할 것을 선택합니다. 동영상이 끝날 때 관련 콘텐츠를 홍보할 것인지 선택하고 동영상이 끝날 때 보여주고 싶은 화면 등이 있는 경우 추가 하면 됩니다.

카드 추가는 동영상 재생 중 동영상 하단에 보여주고 싶은 것을 설정하는 것입니다. 주로 광고가 삽입됩니다. 선생님들께서 올리시는 교육자료에서는 두 가지 기능을 거의 사용하지 않으므로 다루지 않겠습니다. 이에 대해 추가로 궁금한 것이 있는 경우 화면의 '자세히 알아보기' 글자를 클릭하면 됩니다. 다음 단계로 넘어가기 위해 다음 버튼을 클릭합니다.

## 4. 영상 올리기 – 공개 상태

이제 영상을 올리기 위한 마지막 단계입니다. 영상을 지금 바로 올리는 경우 '저장 또는 게시'를 시간을 예약하고자 하는 경우 '예약'을 선택합니다.

① '저장 또는 게시'를 선택합니다.

② '공개'를 선택합니다.

③ 하단의 '게시'를 누릅니다.

시간을 예약하여 게시하는 경우 예약을 선택한 뒤 날짜와 시간을 설정하여 게시하면 됩니다.

① '예약'을 선택합니다.

② 예약 날짜와 시간을 선택합니다.

③ 하단의 '예약'을 누릅니다.

## 5. 동영상 업로드 후 수정

앞의 모든 과정을 거치면 아래와 같이 동영상이 게시된 것을 확인할 수 있습니다.

동영상 위에 마우스 커서를 올리면 다양한 기호가 나타나는데 그중 점 세 개를 클릭합니다.

이곳에서 제목 및 설명 수정, 공유할 링크 복사하기, 홍보하기, 다운로드, 영상 삭제가 가능합니다.

유튜브로 영상 올리기 어렵지 않죠? 이제는 우리 모두 유튜버가 될 수 있습니다. 유튜브를 활용하면 외장 하드나 컴퓨터의 저장공간을 활용하지 않고도 많은 영상을 보관할 수 있고 언제 어디서든 확인 가능하다는 장점이 있습니다. 동영상의 공개 범위를 나만 보기로 제한하는 경우 나만의 동영상 보관함으로도 활용할 수 있습니다. 선생님들께서 책을 통해 배우신 영상 녹화와 편집 기능을 활용해 제작하신 영상을 공유해주시면 학생들과 동료 교사 모두에게 많은 도움이 될 것입니다.

INTERNET

SKILLS

# 수업자료에
# 날개달기

# 무료 소스

## 들어가며

학생들과 효과적인 수업을 하기 위해 다양한 자료를 사용하게 됩니다. 그런데 선생님들께서 자료를 사용하시다보면 저작권에 접촉되지 않을지 걱정스러울 때가 많습니다. 선생님들도 모르게 사용한 한글폰트로 인해 저작권으로 법정다툼까지 진행된 사례가 있어서 저작권에 더더욱 걱정이 많습니다. 특히 선생님들이 제작한 자료가 원격수업을 진행하면서 온라인을 통해 공개될 때 저작권이 더욱 걱정되는 영역입니다. 또한 예쁜 이미지나 디자인을 하였으면 좋겠는데 시간도 많이 걸리고 미적 감각이 뛰어나지 않아서 힘들어하시는 선생님들도 계십니다. 선생님들의 이러한 걱정을 덜어줄 수 있도록 무료로 제공되는 다양한 소스를 소개하고자 합니다. 폰트와 이미지, 음원과 다양한 디자인까지 저작권 걱정없이 사용할 수 있는 것들이 많습니다. 선생님들의 수업자료에 날개를 달 수 있는 자료들이 무엇이 있는지 살펴보겠습니다.

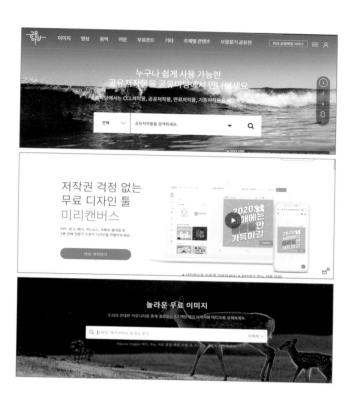

## 공유마당

### 1. 공유마당이란?

공유마당은 한국저작권위원회에서 저작권 보호기간이 지난 저작물을 자유롭게 이용할 수 있게 개설한 웹사이트입니다. 저작권이 만료된 저작물이나 공공저작물, 지적재산권자가 기증한 저작물의 정보와 저작물 파일을 서비스하고 있습니다.

공유마당에서 이미지, 영상, 음악, 어문, 무료폰트를 검색하고 다운받을 수 있습니다. 한가지 주의할 사항은 CCL(Creative Commons License), 즉 자유이용허락표시를 확인해야 합니다. CCL은 저작(권)자가 일정한 조건하에 자신의 저작물을 다른 사람이 자유롭게 이용할 수 있도록 허락을 표시한 저작물입니다. CCL 저작물 이용자는 원 저작물의 저작자 등을 반드시 표기하고 원 저작물의 이용허락 조건(범위)에서 이용해야 합니다.

**자유이용허락(CCL) 기본원칙**

**Attribution (저작권정보 표시)**
저작물 · 저작자명, 출처, CCL 조건을 반드시 표시해야 합니다.

**Noncommercial (비영리)**
영리목적으로 사용할 수 없으며, 영리목적의 이용을 위해서는 저작권자와 별도의 계약이 필요합니다.

**No Derivative Works (변경금지)**
저작물을 변경하거나 저작물을 이용하여 새롭게(2차적 저작물*) 제작하는 것을 금지합니다.

**Share Alike (동일조건변경허락)**
저작물을 이용하여 새롭게 저작물(2차적 저작물)을 제작하는 것은 허용하되, 새로운 저작물에 원 저작물과 동일한 라이선스를 적용해야 합니다.

만약 저작물을 사용할 때에는 저작자 등을 표시하는데 저작물명 by 저작자명, 출처, CCL 조건을 표시합니다. 예를들어 "흰망태버섯 by 최철수, 공유마당, CC BY"과 같이 출처를 표시하고 사용하셔야 합니다.

| 자유이용허락(CCL) 조건 | | |
|---|---|---|
| 라이선스 | 이용조건 | 문자표기 |
| CC BY | **저작권정보 표시**<br>· 저작물 · 저작자병 및 출처, CCL 초건만 표시한다면 제한 없이 자유롭게 이용할 수 있습니다. | CC BY |
| CC BY NC | **저작권정보 표시-비영리**<br>· 저작물 · 저작자병 및 출처, CCL 초건을 표시하면 자유롭게 이용할 수 있지만, 상업적으로는 이용할 수 없습니다.<br>· 상업적 이용을 원하면 저작권자와 별도의 계약이 필요합니다. | CC BY NC |
| CC BY ND | **저작권정보 표시-변경금지**<br>· 저작물 · 저작자병 및 출처, CCL 초건을 표시하면 자유롭게 이용할 수 있습니다.<br>· 다만, 저작물을 변경하거나 저작물을 이용하여 새롭게(2차적 저작물*) 제작하는 것을 금지합니다.<br>* 번역, 편곡, 변형, 각색, 영상제작 등 | CC BY ND |
| CC BY SA | **저작권정보 표시-동일조건변경허락**<br>· 저작물 · 저작자병 및 출처, CCL 초건을 표시하면 자유롭게 이용할 수 있습니다.<br>· 다만, 저작물을 이용하여 새롭게 저작물(2차적 저작물)을 제작하는 것은 허용하되, 새로운 저작물에 원 저작물과 동일한 라이선스를 적용해야 합니다.<br>* 번역, 편곡, 변형, 각색, 영상제작 등 | CC BY SA |
| CC BY NC SA | **저작권정보 표시-비영리-동일조건변경허락**<br>· 저작물 · 저작자병 및 출처, CCL 초건을 표시하면 자유롭게 이용할 수 있지만, 상업적으로는 이용할 수 없습니다.<br>· 상업적 이용을 원하면 저작권자와 별도의 계약이 필요합니다.<br>· 또한, 저작물을 이용하여 새롭게 저작물(2차적 저작물)을 제작하는 것은 허용하되, 새로운 저작물에 원 저작물과 동일한 라이선스를 적용해야 합니다.<br>* 번역, 편곡, 변형, 각색, 영상제작 등 | CC BY NC SA |
| CC BY NC ND | **저작권정보 표시-비영리-변경금지**<br>· 저작물 · 저작자병 및 출처, CCL 초건을 표시하면 자유롭게 이용할 수 있지만, 상업적으로는 이용할 수 없습니다.<br>· 상업적 이용을 원하면 저작권자와 별도의 계약이 필요합니다.<br>· 또한, 저작물을 변경하거나 저작물을 이용하여 새롭게(2차적 저작물) 제작하는 것을 금지합니다.<br>* 번역, 편곡, 변형, 각색, 영상제작 등 | CC BY NC ND |

## 2. 공유마당 사용하기

공유마당(https://gongu.copyright.or.kr) 사이트에 접속합니다. 공유마당 홈페이지에서 이미지, 영상, 음악, 어문, 무료폰트 중 원하는 것을 직접 검색할 수 있습니다. 원하는 종류의 자료 사이트로 직접 들어가서 검색할 수도 있습니다. 이미지는 160만개, 영상은 12만개, 음악은 1만 5천개, 어문은 110만개, 무료폰트는 103개 가량을 제공하고 있습니다. 회원가입이나 로그인 없이도 원하는 자료를 다운받을 수 있습니다. 원하는 자료를 다운받아서 활용하고 CCL조건을 표시하면 됩니다.

폰트는 자료를 다운받은 후에 설치해야 합니다. 2가지 형태로 자료가 제공되기 때문에 제공되는 자료의 유형에 따라 폰트를 설치합니다.

무료폰트를 다운 받아서 압축을 풀었을 때 파일의 유형이 트루타입 글꼴 파일일 경우에는 c:\windows\Fonts폴더로 파일을 옮기면 폰트 설치가 완료되어 바로 사용이 가능합니다.

반면에 다운 받은 파일이 응용 프로그램일 경우가 있습니다. 이 때에는 응용 프로그램을 실행시키면 자동으로 컴퓨터에 폰트가 설치됩니다. 응용프로그램중 OTF는 맥용 프로그램이고 TTF는 윈도우용 프로그램입니다. 컴퓨터의 사양에 맞게 설치하여 사용하면 됩니다.

음악의 경우 종교음악, 성악, 대중음악, 극음악, 기악합주, 전통음악 등으로 분류되어 무료 음원이 제공되고 있습니다. 미리듣기로 음악을 듣고 필요한 음악은 CCL 조건에 맞추어 출처를 표기하여 사용하면 됩니다.

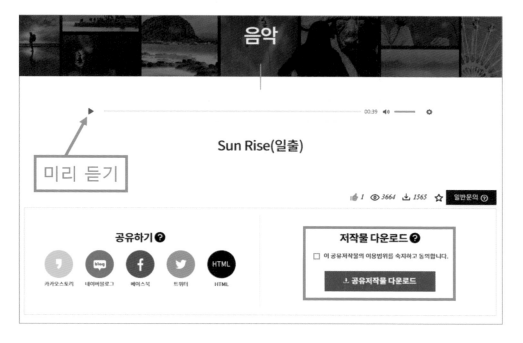

자료 유형에서 기타를 선택하면 무료 PPT 템플릿도 제공되고 있습니다. 공유저작물의 이용조건을 확인하고 출처를 남기면 다양한 PPT 템플릿을 마음껏 사용할 수 있습니다.

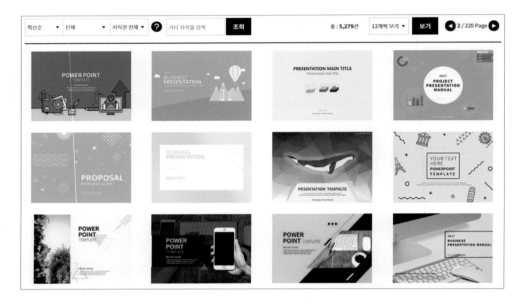

## 1. 공공누리란?

공공누리(영어: Korea Open Government License, KOGL)는 문화체육관광부가 공공저작물의 이용을 활성화하고자 개발한 한국형 공공저작물 자유이용허락 라이선스입니다. 공공누리는 '누구나 자유롭게 이용할 수 있게 한다.'는 의미를 담고 있습니다. 영문으로는 공개·개방을 강조하는 의미를 포함하고 있습니다. 과거 공공저작물에 대한 표준 제도가 없었기 때문에, 각 기관에 대한 저작권 문의와 허가 절차가 복잡했었습니다. 이러한 과정을 간소화하고 공공저작물에 대한 표준화 제도를 만들기 위해 대한민국 문화체육관광부에서 개발한 것입니다.

공공누리는 저작물별로 적용된 유형별 이용조건에 따라 저작권 침해의 부담 없이 무료로 자유롭게 이용가능합니다. 공공누리에는 이미지, 3D, 영상, 소리, 음악, 글꼴, 어문, 키워드저작물 등을 무료로 제공하고 있습니다. 공공누리의 유형 및 내용을 잘 숙지하여 이용허락 범위내에서 자료를 사용하면 됩니다.

### 공공누리 유형 및 내용

| 이용허락 유형 | 공공누리 마크 | 이용허락 범위 |
|---|---|---|
| 제 1유형<br>출처표시 | OPEN 출처표시<br>공공누리 공공저작물 자유이용허락 | · 출처표시<br>· 상업적, 비상업적 이용가능<br>· 변형 등 2차적 저작물 작성 가능 |
| 제 2유형<br>출처표시 + 상업적 이용금지 | OPEN 출처표시 상업용금지<br>공공누리 공공저작물 자유이용허락 | · 출처표시<br>· 비상업적 이용만 가능<br>· 변형 등 2차적 저작물 작성 가능 |
| 제 3유형<br>출처표시 + 변경금지 | OPEN 출처표시 변경금지<br>공공누리 공공저작물 자유이용허락 | · 출처표시<br>· 상업적, 비상업적 이용 가능<br>· 변형 등 2차적 저작물 작성 금지 |
| 제 4유형<br>출처표시 + 상업적 이용금지 + 변경금지 | OPEN 출처표시 상업용금지 변경금지<br>공공누리 공공저작물 자유이용허락 | · 출처표시<br>· 비상업적 이용만 가능<br>· 변형 등 2차적 저작물 작성 금지 |

## 2. 공공누리 사용하기

공공누리(www.kogl.or.kr) 사이트에 접속합니다. 필요한 공공저작물을 검색어를 통해 검색할 수 있습니다. 추천공 공저작물에 이미지, 3D, 영상, 소리, 음악, 글꼴, 어문, 키워드저작물 카테고리를 선택해서 원하는 자료를 다운로드 받을 수 있습니다. 공유마당과는 다르게 회원가입을 하고 로그인을 한 경우에만 자료를 다운로드 받을 수 있습니다.

특히 무료 PPT템플릿은 안심글꼴을 사용하여 교육용, 비즈니스용, 테마용으로 제공되고 있습니다. 안심글꼴을 이용하여 PPT템플릿을 제작하였는데 완성도가 높아 활용하기가 좋습니다. 공공누리의 자료들은 선택 후 제목 글자를 클릭해야 다운로드 창이 활성화됩니다.

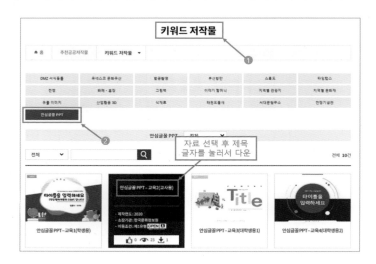

264

## 1. 유튜브 오디오 라이브러리란?

유튜브 오디오 보관함에서 저작권료가 없는 음악을 받아 동영상 제작에 사용할 수 있습니다. 유튜브 오디오 라이브러리는 단순히 배경음악만을 제공하는 서비스가 아니라, 영상 제작을 위해 필요한 다양한 효과음까지도 무료로 제공하고 있는 서비스입니다. 유튜브에 회원가입만 되어 있다면 유튜브에서 제공하는 배경음악과 효과음을 마음대로 다운로드하여 사용할 수 있습니다.

## 2. 유튜브 오디오 라이브러리 사용하기

### 1) 배경음악 찾기

유튜브 오디오 라이브러리(https://www.youtube.com/audiolibrary/music)로 접속하거나 유튜브에 로그인 후 자신의 계정페이지로 가신 다음 YouTube스튜디오로 들어갑니다.

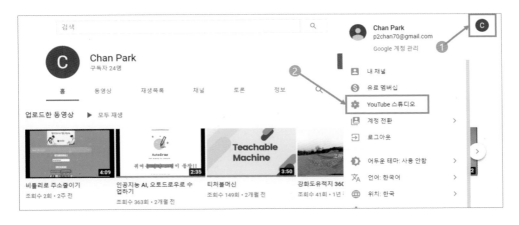

YouTube스튜디오에 들어와서 좌측 메뉴 중 아래쪽으로 내려가면 하위 메뉴 중 오디오 보관함이 나옵니다. 오디오 보관함을 선택하면 오른쪽에 배경음악들이 제공됩니다. 라이브러리 검색 또는 필터링이 가능합니다. 트랙제목, 장르, 분위기, 아티스트 이름, 길이, 저작자표시에 따른 필터링이 가능합니다. 클래식 음악을 찾기 위해 장르를 선택하면 장르에서 추가적으로 선택할 수 있는 하위메뉴가 활성화됩니다.

유튜브 오디오 라이브러리는 다양한 필요 조건에 따라 원하는 음원을 바로 찾아 들어보고 다운로드 받을 수 있다는 게 매력적입니다. 음원 퀄리티도 높은 편입니다. 필터링 조건 중 저작자 표시는 반드시 주목해야할 부분입니다. 저작권자를 표시해야하는 경우가 있기 때문에 저작자 표시를 해야하는 음원과 하지 않아도 되는 음원을 구분해주는 필터링 조건이 존재합니다.

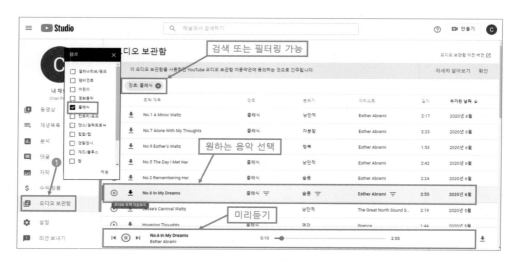

## 2) 음향효과 찾기

동영상을 만들 때 때에 맞는 음향효과가 필요합니다. 오디오 보관함에 수업자료나 동영상을 제작할 때 필요한 좋은 음원 자료들이 모여있습니다. 예를 들어 액션 격투신의 타격 소리라든가, 오래된 문을 열고 닫을 때 나는 끼익 소리, 군중 소리 등이 그것입니다.

음향효과는 오디오 보관함 이전버전을 선택해야 찾을 수 있습니다. 현재 음향효과도 새롭게 바뀌는 오디오 보관함으로 이관중이라서 이관이 완료되기 전까지는 이전버전의 오디오 보관함에서 검색과 다운로드가 가능합니다.

음향효과도 다양한 카테고리에서 검색을 할 수 있게 제공되고 있습니다.

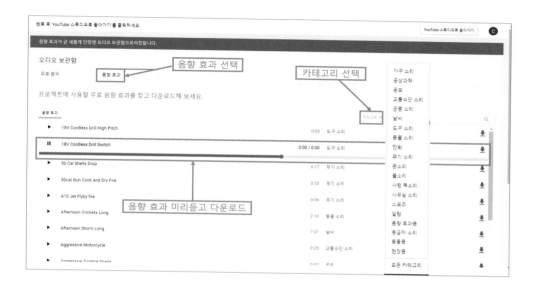

### 1. 구글 이미지

프레젠테이션이나 영상으로 수업자료를 제작하거나 디자인에 활용하기 위해 많은 이미지를 사용합니다. 일반적으로 구글 검색을 통해 많은 이미지를 찾을 수 있습니다. 그러나 이미지도 원격수업을 진행하다보면 저작권 문제가 발생할 수 있기 때문에 무료 이미지가 필요합니다. 무료 이미지를 제공해주는 웹사이트들이 있지만 간편하게 구글에서 무료이미지를 검색할 수 있습니다. 검색창에 펭귄을 입력하면 많은 펭귄 이미지가 검색됩니다. 그리고 도구 메뉴를 선택하면 아래쪽으로 하위 메뉴가 활성화됩니다. 이중 사용권을 클릭하면 사용권한별로 이미지를 검색할 수 있습니다. 수정 후 재사용 가능을 선택하니 펭귄이미지 중 수정 후 재사용 가능한 이미지를 검색해줍니다. 사용자가 적절한 권한별 검색을 통해 무료 이미지를 검색할 수 있습니다.

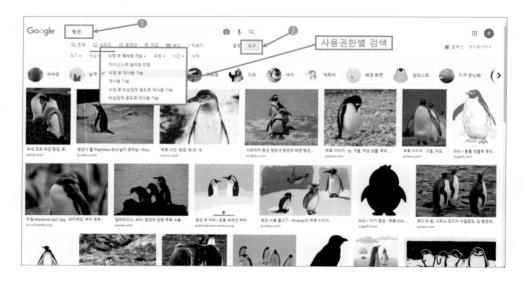

다양한 이미지 중 사용자가 원하는 유형의 이미지만을 검색할 수도 있습니다. 도구 메뉴의 유형을 선택하면 클립아트, 선화(선으로 그려진 이미지), GIF(움직이는 짧은 이미지) 등을 검색할 수 있습니다. 사진은 모든 유형을 선택하면 쉽게 검색이 가능합니다.

원하는 이미지를 검색하고 클릭하면 오른쪽에 선택한 이미지가 있는 웹사이트와 관련이미지까지 추천해줍니다. 이미지를 다운받기를 원하면 오른쪽에 보여지는 큰 이미지에 오른쪽 마우스를 클릭하면 다른 이름으로 저장이나 이미지 복사를 선택하여 이미지를 다운받거나 복사해서 수업자료에 붙여넣을 수 있습니다.

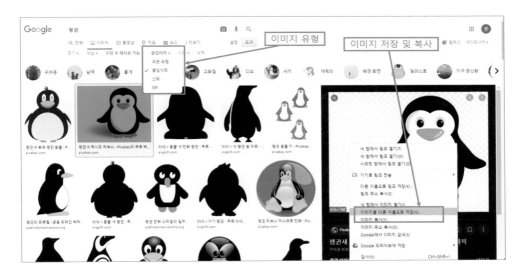

## 2. 픽사베이

픽사베이는 대표적인 무료 이미지 제공 웹사이트입니다. 현재 210만개의 이미지와 동영상을 무료로 제공합니다. 이미지도 사진, 일러스트, 벡터이미지를 제공하고 동영상도 일반 영상 뿐만 아니라 GIF까지 제공해서 수업자료 제작에 크게 도움을 받을 수 있습니다.

픽사베이(https://pixabay.com/ko)에 접속하여 펭귄으로 검색하니 1608개의 펭귄 이미지가 검색되었습니다. 원하는 사진을 선택하면 다운로드 받을 수 있는 창이 뜹니다. 무료 다운로드를 클릭하면 다운로드할 이미지의 사이즈를 선택해서 다운로드 받을 수 있습니다. 한가지 제한점은 최상 사이즈의 이미지를 다운로드 받을 경우에는 로그인을 해야 하는 것입니다.

픽사베이는 사진 이미지뿐만 아니라 일러스트와 벡터 그래픽도 제공합니다. 검색 카테고리를 선택해서 검색하면 원하는 유형의 이미지를 쉽게 찾을 수 있습니다.

픽사베이에서 사진이외에 자주 사용되는 것이 좋은 동영상이나 움짤이라는 GIF입니다. 이 자료들은 수업자료의 도입부분이나 동영상에 삽입해서 사용할 수 있습니다. 동영상은 비디오의 크기가 최고 사이즈도 로그인 없이 다운로드 받을 수 있습니다. 무료 다운로드 받는 메뉴 바로 아래에 이미지와 영상을 출처밝히지 않고 사용해도 가능하다는 메시지가 있습니다.

저작권 없는 무료 이미지를 검색할 수 있는 웹사이트들이 픽사베이 이외에도 여러 곳이 있습니다. 프리픽(https://www.freepik.com/), 플리커(https://www.flickr.com/), Let's CC(http://www.letscc.net/), 프리큐레이션(http://www.freeqration.com/) 등이 있습니다.

# 무료 디자인

　미리캔버스는 저작권 걱정 없이 무료로 사용할 수 있는 디자인 툴입니다. 이 툴에 있는 일러스트, 사진, 폰트, 템플릿 등은 이미 이 회사와 계약을 맺고 제공된 것이라 무료로 활용할 수 있습니다.

　그럼 학교에서는 미리캔버스를 어떻게 사용할 수 있을까요? 첫째, 교사들이 수업 자료를 만들어 사용하거나 온라인 수업에 활용할 수 있습니다. 둘째, 온라인과 오프라인에서 학생 및 학부모용 안내문을 만들거나 전달하는 경우에 활용할 수 있습니다. 셋째, 수업시간에 학생들이 PPT나 카드뉴스 등의 다양한 템플릿을 활용하여 발표 자료를 만들거나 포스터나 명함 등을 제작할 때 교과와 연계하여 사용할 수 있습니다. 그리고 학교 홈페이지나 SNS에 게시할 이미지, 현수막, 배너 등 학교에서 필요한 거의 모든 디자인에 활용할 수 있습니다. 여기서는 미리캔버스가 어떻게 활용되는지 자세히 설명하면서 미리캔버스의 좋은 점과 사용 시 유의할 사항도 부가해서 설명하도록 하겠습니다.

## 미리캔버스(miri canvas)에 가입하기

지금부터 미리캔버스에 가입을 해보겠습니다. 가입하기 전에 먼저 크롬을 설치해줍니다. 미리캔버스는 크롬 브라우저에 최적화가 되어 있기 때문에 익스플로러는 지원이 되지 않으며 이에 따라 익스플로러에서는 이용이 어렵습니다.

### 1. 미리캔버스에 접속하기
미리캔버스를 검색한 후 웹사이트(https://www.miricanvas.com/)에 접속합니다.

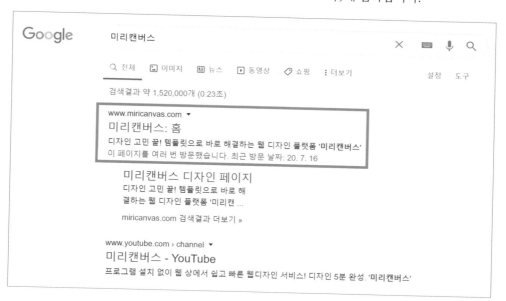

### 2. 회원가입하기
1) 5초 회원가입하기

미리캔버스 홈페이지 오른쪽 상단에 있는 '5초 회원가입'를 클릭합니다. 회원가입 창에 이름, 이메일, 비밀번호를 기입하고 회원가입을 누르면 이메일로 인증번호가 전송됩니다. 이메일에서 그 인증번호를 클릭하면 간단하게 바로 회원가입이 완료됩니다. 물론 회원가입 없이도 홈 화면의 '바로 시작하기'를 클릭하여 디자인 편집을 할 수 있습니다. 하지만 디자인 문서를 저장하거나 파일을 다운로드 하려면 로그인이 필요하므로 회원가입을 하는 것이 좋습니다.

## 2) 소셜 계정으로 가입하기

그러나 구글이나 네이버, 카카오톡 등과 같은 소셜 계정이 있는 경우 좀 더 간편하게 계정 확인 만으로 회원가입이 가능합니다.

## 미리캔버스의 구성요소 알아보기

### 1. 새 디자인 문서 열기

로그인을 하면 내 디자인 문서(마이 스페이스)가 열립니다. 이 공간은 새 디자인 문서를 만들 때 혹은 내가 만들어 저장했던 디자인 문서들을 확인할 때 사용합니다.

왼쪽 상단의 '새 디자인 문서'라고 쓰여진 녹색 버튼이나 또는 회색 창에 있는 새 디자인 문서 (+) 버튼을 클릭합니다. 그러면 요즘 많이 사용하는 템플릿 선택 창이 뜹니다. 여기서 제공되는 배경화면(템플릿)은 예쁘면서도 아주 우수한 디자인으로 무료로 제공됩니다.

그 양식으로는 프레젠테이션, 카드뉴스, 배너, 현수막, 포스터, 전단지 등 매우 다양하며, 각각의 배경화면들은 사이즈가 달라서 사용하고자 하는 용도에 맞춰 선택하시면 됩니다. 사이즈는 배경화면의 이름 바로 옆에 표시되어 있습니다. 우리는 학교에서 가장 많이 사용되는 프레젠테이션을 선택하겠습니다.

## 2. 디자인 화면에서 구성요소 찾기

앞에 단계에서 프레젠테이션을 선택하면 아래와 같은 새로운 문서 화면이 보입니다. 프레젠테이션은 MS 오피스의 PPT를 말하는 것으로, 기존의 PPT에 비해 구성이나 디자인 면에서 훨씬 더 훌륭한 디자인으로 만들 수 있습니다.

새로운 문서의 화면을 살펴보면, 화면은 크게 문서의 오른쪽과 왼쪽으로 나누어 볼 수 있습니다. 오른쪽에 있는 빈 페이지는 새로 디자인할 영역이며, 왼쪽 끝에 있는 다양한 메뉴들은 문서를 편집할 때 활용할 예정입니다. 메뉴에는 디자인의 틀이라고 할 수 있는 템플릿, 사진, 다양한 디자인을 만드는 요소, 텍스트, 배경, 내 이미지 등으로 구성되어 있으며, 여기서는 가장 많이 사용하는 메뉴들을 위주로 설명하도록 하겠습니다.

## 3. 미리캔버스 따라하기

### 1) 첫 번째 메뉴 – 템플릿 활용하기

메뉴의 제일 위쪽에 있는 [템플릿]은 우리가 디자인하고자 하는 틀을 말합니다. 템플릿은 디자인을 쉽게 할 수 있도록 제공하는 틀로, 이 틀에 있는 글이나 사진, 그림 등을 바꾸면 내가 원하는 디자인을 아주 쉽게 만들 수 있습니다.

### (1) 템플릿 선택하기

먼저 화면 왼쪽에 [프레젠테이션] 부분을 클릭하면 용도별로 사용할 수 있는 다양한 템플릿을 볼 수 있습니다. 만약 주제별로 다른 템플릿을 찾는 경우 모든 템플릿(중간 그림에서 ②)을 클릭하면 내가 원하는 주제의 템플릿을 찾을 수 있습니다.

## (2) 템플릿의 레이아웃에 대해 알아보기

주제별 분류에서 학교에서 많이 사용하는 학교/교육 카테고리에 있는 템플릿 중 프레젠테이션을 선택해보겠습니다. 네 번째 템플릿을 보면, 왼쪽 아래 12라는 숫자가 있습니다. 이것은 템플릿의 레이아웃이 총 12장으로 되어있다는 것이며, 이 템플릿을 클릭하면 총 12장의 레이아웃을 볼 수 있습니다.

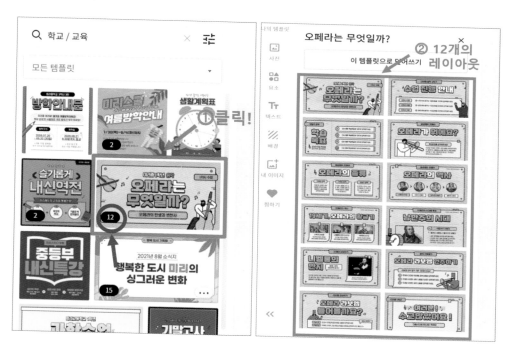

### (3) 원하는 템플릿 불러오기 1 – '이 템플릿으로 덮어쓰기' 활용하기

위에서 선택한 템플릿 제목(오페라는 무엇일까?) 아래 있는 '이 템플릿으로 덮어쓰기' 버튼을 클릭합니다. 그러면 이 템플릿의 12개의 레이아웃 전체가 한 번에 빈 페이지로 들어옵니다. 전체의 레이아웃이 필요한 경우 이 버튼을 사용합니다.

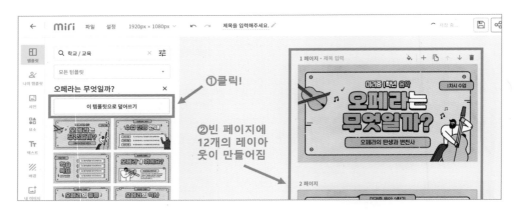

### (4) 원하는 템플릿 불러오기 2 – 원하는 레이아웃만 불러오기

그러나 템플릿 전체를 사용하지 않는 경우 하나씩 클릭하여 원하는 레이아웃만 불러올 수 있습니다. 그러려면 먼저 제목 레이아웃을 한 장 클릭하여 1페이지를 만듭니다. 그리고 1페이지의 위와 아래에 있는 (+)버튼 중 하나를 클릭하여 새로운 2페이지를 만듭니다.

이 때 원하는 레이아웃을 그냥 클릭하면 이 새로운 레이아웃이 1페이지에 들어가게 되어 앞에 있던 1페이지 내용은 없어지게 됩니다. 따라서 2페이지에 새로운 레이아웃을 넣고 싶으면 먼저 2페이지 화면을 클릭하고, 새로운 레이아웃을 클릭해주세요. 그러면 원하는 레이아웃으로 2페이지를 완성하게 됩니다.

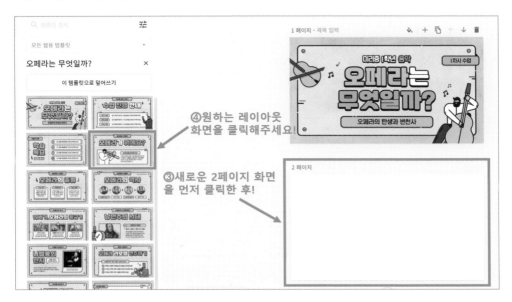

원하는 레이아웃
불러오기 완료!

만약 원하는 디자인이 그 템플릿에 없을 경우 먼저 생성된 페이지 위나 아래쪽에 있는 (+)버튼을 클릭하여 페이지를 추가합니다. 그리고 다른 템플릿을 클릭한 후 앞의 과정과 똑같이 해당 레이아웃을 클릭하여 다른 레이아웃을 불러올 수 있습니다.

### (5) 각 페이지의 기호 알아보기

각 페이지 위쪽에는 여러 가지 모양의 버튼이 있습니다. 버튼은 디자인을 할 때  많이 사용되므로 지금부터 버튼에 대해 알아보겠습니다. 디자인을 할 페이지 위쪽에 있는 색 모양은 템플릿의 배경색만 바꾸어 주는 배경 색상 버튼입니다.

그리고(+)버튼은 페이지 추가 버튼, 위 혹은 아래로 화살표 모양은 페이지 위와 아래로 이동 버튼, 휴지통 모양은 삭제 버튼, 마지막 종이 겹친 모양은 페이지 복제 버튼입니다.

### (6) 템플릿 사이즈 쉽게 변경하기

디자인하다가 보면 새로운 템플릿으로 바꾸고 싶어 다른 템플릿을 클릭합니다. 그런데 다른 템플릿을 클릭했음에도 불구하고 템플릿 사이즈는 변하지 않고 그대로 있습니다. 예를 들어 프레젠테이션을 하다가 카드뉴스로 디자인하고 바꾸고 싶은 경우, 보통 템플릿을 카드뉴스로 바꿉니다. 그러면 사이즈는 바뀌지 않고 원래 사이즈 그대로, 왼쪽에 있는 예시 내용만 카드뉴스로 바뀝니다. 이 상태에서 이 카드뉴스 레이아웃을 적용하면 원래 프레젠테이션 사이즈에 카드뉴스가 적용되어 쉽게 디자인할 수 없는 상태가 됩니다. 만약 적용이 잘못된 경우 맨 위에 [되돌아가기] 화살표를 클릭해줍니다.

그러면 템플릿 사이즈는 어떻게 바꿀까요? 먼저 템플릿 사이즈를 변경하기 위해서는 먼저 화면 제일 위쪽에 있는 사이즈를 클릭한 후 아래로 내려와 내가 원하는 템플릿을 선택하면 사이즈가 바뀝니다. 그리고나서 원하는 템플릿을 선택하여 적용하면 바로 카드뉴스 사이즈에 딱 맞은 디자인을 할 수 있습니다.

## 2) 두 번째 메뉴 - 나의 템플릿 활용하기

왼쪽 메뉴 칸 두 번째에 있는 메뉴는 '나의 템플릿'입니다. 여기에는 내가 디자인한 템플릿들이 모두 다 나옵니다. 디자인하면서 새로운 템플릿보다 이전에 만들었던 템플릿을 사용하고자 할 때 유용한 메뉴로, 내가 만든 디자인 전체를 다 볼 수 있습니다. 굳이 마이스페이스로 돌아가서 디자인을 찾지 않아도 쉽게 이전에 만든 디자인을 찾을 수 있기 때문에 편리합니다.

## 3) 세 번째 메뉴 - 텍스트 활용하기

요소와 텍스트는 미리캔버스로 디자인하는데 가장 중요한 메뉴입니다. 거의 모든 디자인에 이 두 가지 메뉴가 포함된다고 할 수 있습니다. 그럼 먼저 텍스트 활용에 대해 설명하겠습니다. 요소와 텍스트 활용 방법은 앞에서 템플릿 활용에 사용했던 예시를 가지고 설명하겠습니다.

## (1) 폰트와 크기 바꾸기

최근 학교에서 폰트 사용에 따른 저작권 문제가 매우 민감한 이슈로 등장하였습니다. 이에 따라 폰트를 사용할 때마다 저작권 문제를 확인하고 또 확인하며 사용합니다. 그러나 미리캔버스의 폰트는 이 회사가 계약을 맺은 것으로 미리캔버스 디자인에서는 무료로 사용할 수 있습니다. 폰트를 한 번 바꾸어 보겠습니다.

먼저 바꾸고 싶은 폰트를 선택합니다. 선택된 폰트에는 하얀 표시로 둘러쌓인 상자가 생깁니다. 그리고 왼쪽에는 텍스트 상자가 활성화되는데, 폰트, 크기, 진하기, 정렬, 그림자, 외곽선 등이 있습니다. 폰트에서 원하는 폰트(양진체)를 선택하여 클릭해줍니다.

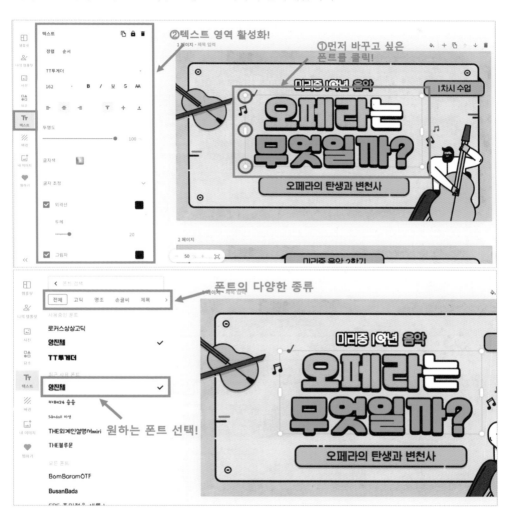

원하는 폰트로 바뀌면 이번에는 폰트의 크기를 조절해보겠습니다. 폰트를 바꾸면 크기가 작아지거나 커지는 경우가 있습니다. 이때 폰트의 크기는 폰트를 둘러싸고 있는 흰색의 표시부분을 상하좌우로 움직이면 조절할 수 있습니다.

## (2) 폰트 색상 바꾸기

이번에는 폰트의 색상을 바꾸어 보겠습니다. 먼저 원하는 텍스트를 드래그해줍니다. 만약 드래그하지 않으면 묶여있는 모든 폰트의 색상이 다 변합니다. 왼쪽 텍스트 상자에는 드래그한 텍스트의 색상만 표시됩니다. 그 색상을 클릭해서 바꾸길 원하는 색상을 클릭하면 폰트 색상은 바뀌게 됩니다.

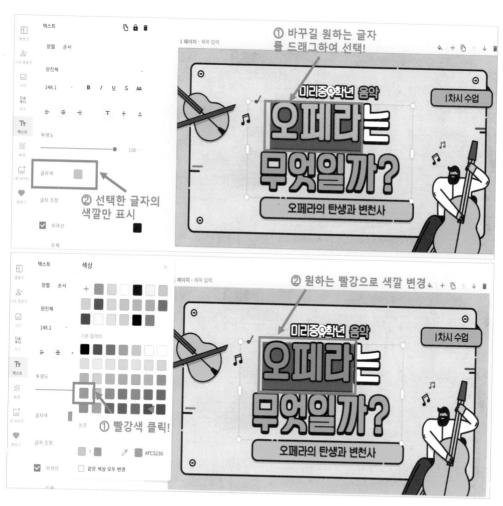

만약 바꾸고 싶은 색상이 그라데이션인 경우 텍스트 상자 아래쪽에 있는 그라데이션 표시를 클릭합니다. 그리고 거기서 원하는 그라데이션 색을 클릭하면 그라데이션 색상이 적용됩니다. 그러나 이 경우 오른쪽 텍스트 상자 전체로만 변경 가능하며, 부분적으로 원하는 글자를 드래그해서 변경시킬 수는 없습니다.

### (3) 텍스트 외곽선과 그림자 바꾸기

텍스트 색깔을 바꾸었으니 이제 텍스트에 힘을 줄 수 있는 외곽선과 그림자를 바꾸어 보겠습니다. 텍스트 상자에서 외곽선은 흰색으로, 그림자의 색은 보라색으로 선택하면 텍스트가 변경된 것을 볼 수 있습니다. 그림자의 색의 경우 방향, 투명도, 거리 등도 조정할 수 있습니다.

### (4) 조합과 스타일 활용하기

왼쪽의 [텍스트] 메뉴를 클릭하면 [조합]과 [스타일] 카테고리가 나옵니다. 보통 조합과 스타일은 템플릿에서 텍스트를 직접 만들기보다는 기존의 템플릿에 이미 보기 좋게 만들어져 있는 텍스트 조합과 폰트, 색, 크기 등을 예쁘게 구성해놓은 스타일을 첨가하여 템플릿 디자인을 한 단계 업그레이드 할 수 있게 만드는 자료입니다. 구체적으로 어떻게 [조합]과 [스타일]을 활용해야 하는지는 요소 활용하기를 설명할 때 함께 설명하도록 하겠습니다.


### 4) 네 번째 메뉴 - 요소 활용하기

이제 미리캔버스로 디자인하는데 있어 가장 중요한 메뉴인 '요소'에 대해 설명하겠습니다. 요소는 일러스트, 조합, 도형, 선, 프레임으로 구성되어 있습니다. 요소는 디자인에 활기를 불어넣기도 하고 '일반인이 한 디자인을 전문 디자이너가 만든 디자인'으로 착각하도록 만들기도 합니다. 이 모든 요소들이 다 무료로 제공되나 하나의 요소만을 단독으로 복사하여 다른 곳에서 사용하는 경우 저작권에 위배될 수 있으니 주의해야 합니다.

### (1) 일러스트 활용하기

일러스트는 템플릿을 구성할 때 많이 활용되는 요소로, [요소]를 클릭하면 제일 앞에 나오는 [일러스트] 카테고리를 클릭하여 사용하면 됩니다. 먼저 앞에서 설명하던 자료를 활용하여 템플릿에 있는 일러스트 사용방법에 대해 간단하게 설명하도록 하겠습니다.

먼저 템플릿의 배경 색상을 바꾸어 보겠습니다. 템플릿 위의 배경 색상 표시를 클릭합니다. 그리고 원하는 색상을 선택하면 배경색이 변경됩니다.

프레젠테이션에 있는 일러스트 색상도 바꿀 수 있습니다. 일러스트를 선택하고 일러스트가 활성화되면 흰색 표시가 있는 상자로 표시되며, 왼쪽에는 일러스트 창이 열립니다. 일러스트 창에 있는 색상은 해당 일러스트에 포함된 색상만 표시되며, 이 중에서 바꾸고 싶은 부분의 색을 클릭하여 원하는 색을 선택하면 일러스트 색상을 변경할 수 있습니다.

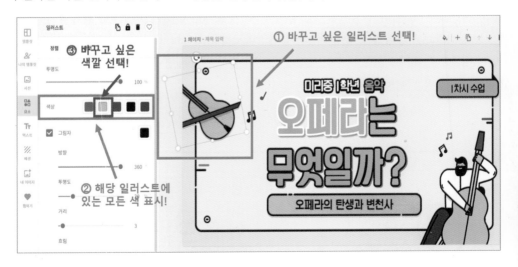

또한 일러스트의 상하좌우 방향 전환도 가능합니다. 방향 전환을 원하는 일러스트를 클릭, 일러스트 창 위쪽에 있는 [반전]-[좌우 반전]을 클릭하여 좌우를 바꾸어 줍니다.

이번에는 일러스트를 프레젠테이션에 불러오도록 하겠습니다. 먼저 [요소]-[일러스트]-[검색 창]에 원하는 일러스트를 검색합니다. 여기서는 '음악'을 검색하고, 여기서 선택한 피아노 일러스트를 클릭하면 일러스트가 템플릿 위에 올라갑니다.

선택된 피아노는 다른 텍스트나 도형의 맨 앞에 위치하게 됩니다. 이 일러스트를 다른 텍스트 뒤로 가게 하려면, 해당 일러스트를 클릭합니다. 그리고 일러스트 창의 제일 위에서 [순서]-[맨 뒤로]를 클릭하면 피아노는 도형 뒤로 가게 됩니다.

### (2) 조합 활용하기

e학습터에서 온라인 수업을 준비할 때 많이 사용하는 자료 중 하나는 썸네일입니다. 썸네일을 좀 더 쉽게 만들기 위해서 템플릿에서 유튜브 썸네일을 활용합니다. 선택한 썸네일에 조합과 텍스트를 추가하여 나만의 참신하고 창의적인 썸네일을 만들어보도록 하겠습니다.

먼저 [템플릿]-[유튜브 썸네일]을 클릭한 후, 활용하고자 하는 썸네일을 선택합니다. 그리고 편집을 위해 왼쪽 글씨는 먼저 삭제하겠습니다. 그리고 [조합]을 활용하기에 앞서  일단 일러스트 검색창에서 원하는 '폭죽'을 검색하여 원하는 일러스트를 찾습니다. 그리고 찾은 일러스트를 클릭하면 썸네일에 들어가게 됩니다.

그럼 본격적으로 [조합]을 어떻게 활용해야할지 알아보겠습니다. [요소]-[조합]을 클릭하여 원하는 항목을 3가지 선택합니다. 그리고 선택한 각 요소를 적정하게 배치합니다.

위에서 선택한 3개의 조합 항목은 위치와 크기를 수정하여 어울리게 조절해 줍니다.

썸네일을 완성하기 위해서 이번에는 [텍스트]-[스타일]에서 텍스트와 [요소]-[조합]에서 텍스트를 선택하여 디자인 요소를 보강했습니다. 그리고 텍스트 내용과 색상, 크기, 폰트, 회전 등을 사용하여 재미있는 썸네일을 완성하였습니다.

### (3) 프레임 활용하기

[요소]-[프레임]에서는 다양한 디자인의 틀을 제공합니다. 템플릿이 완성된 유형의 디자인 틀이라면, 프레임은 내가 디자인을 만들 수 있는 틀입니다. 내 스타일대로 디자인을 하고 싶다면 바로 프레임을 많이 활용하면 됩니다. 프레임 활용 방법은 사진 활용하기에서 설명하도록 하겠습니다. 그 밖에 선이나 도형도 자유롭게 활용해보세요.


### 5) 다섯 번째 메뉴 - 사진 활용하기

사진도 미리캔버스로 디자인하면서 가장 많이 사용하는 메뉴 중 하나입니다. 기존에는 요소에 포함되어 있었으나 활용도가 많은 만큼 단독으로 편성된 메뉴이기도 합니다. 지금부터 사진 활용 방법에 대해 자세히 알아보도록 하겠습니다.

### (1) 사진 크기 조절하기

사진 크기를 조절하는 방법을 알아보겠습니다. [사진]의 검색창에서 '소고기'를 검색하고 원하는 '소고기' 사진을 클릭해서 템플릿으로 가져옵니다. 그 사진을 클릭하면 테두리에 흰색 표시가 생기는데, 그 표시를 상하좌우로 움직이며 크기를 조정할 수 있습니다.

흰색 표시를 드래그해서
사진크기 조절 가능

이번에는 사진을 더블 클릭해서 아래 그림처럼 크기 조절 창을 열리게 합니다. 그 창의 흰색 테두리를 드래그하면서 크기를 조절하고, 원하는 크기가 정해지면 체크(∨) 표시를 눌러줍니다. 그러면 원하는 부분만 크기를 선택해서 자를 수 있습니다. 또 사진 창에서 원하는 필터나 그림자를 적용하여 업그레이드된 사진을 완성할 수 있습니다.

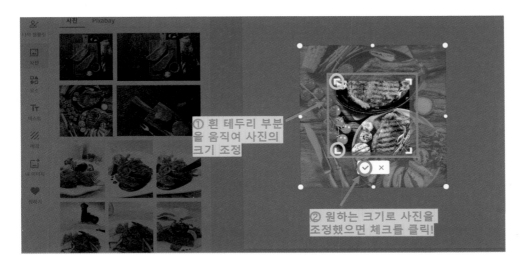

① 흰 테두리 부분을 움직여 사진의 크기 조정

② 원하는 크기로 사진을 조정했으면 체크를 클릭!

## (2) 사진에 프레임 적용하기

그러나 위와 같이 사진의 크기를 조절하면 모든 사진은 다 사각형의 형태를 띠게 됩니다. 그러면 내가 원하는 모양의 사진을 사용할 수 없는 것일까요? 이 문제를 해결해주는 메뉴는 바로 [요소] 메뉴에 있는 [프레임]입니다.

프레임은 템플릿을 다양하고 창의적으로 만드는 중요한 요소입니다. 여기에서는 프레임을 활용하여 다양한 모양의 사진을 만들어보겠습니다. 프레임의 종류는 단순한 도형 모양에서부터 말풍선 모양, 불규칙한 모양, 외곽선 프레임에 이르기까지 다양한 프레임이 있습니다.

새로운 모양의 사진을 만들려면 먼저 [요소]-[프레임]으로 들어가서 원하는 프레임을 선택합니다. 그리고 사진을 드래그해서 내가 선택한 프레임에 넣어주세요. 그러면 프레임의 형태를 지닌 사진이 만들어집니다.

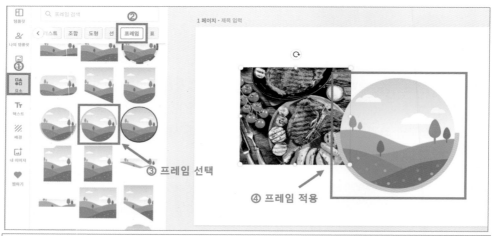

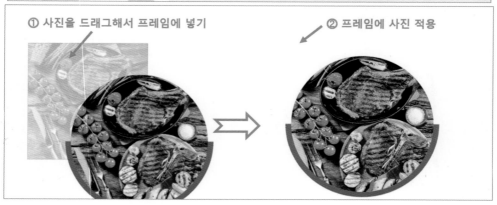

이번에는 사각 프레임에 사진을 넣어보겠습니다. 사각형 외곽선이 있는 프레임을 선택하고 여기에 [텍스트]-[조합]에서 텍스트를 가져오면 멋진 디자인을 완성하게 됩니다.

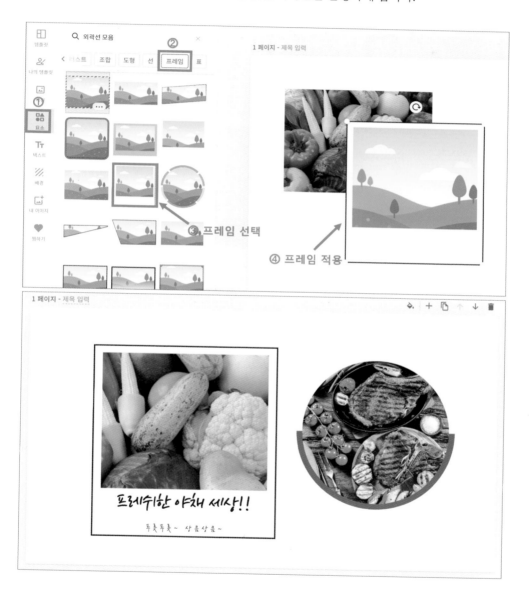

다음은 사진 프레임을 활용하여 완성한 사례입니다.

### (3) 사진 교체하기

사진 교체 방법을 알아보기 위해서 우선 [템플릿]-[유튜브 썸네일]에서 재미있는 썸네일을 가져옵니다. 썸네일의 경우 사진을 많이 사용하기 하므로, 사진을 수정하는 것만으로도 재미있는 디자인을 할 수 있습니다. 썸네일에서 텍스트를 먼저 수정합니다.

그 다음 내가 원하는 사진을 [사진]-[검색창]에서 '요리사'를 검색합니다. 이 때 사진은 [사진]이나 [Pixabay] 카테고리에서 찾을 수 있으며, Pixabay는 사진을 무료로 제공하는 사이트입니다. 왼쪽 사진을 먼저 바꾸도록 하겠습니다. 원하는 사진을 선택하여 드래그해서 원하는 위치에 올려놓습니다. 그러면 바로 사진이 교체됩니다.

### 6) 여섯 번째 메뉴 – 내 이미지 활용하기

사진이나 이미지를 사용하다가 보면 내 컴퓨터에 있는 사진 자료를 사용해야 할 경우가 있습니다. 이 경우 [내 이미지]에 이미 사진이 들어와 있는 경우에는 해당 이미지나 사진을 클릭하여 사용할 수 있습니다. 그러나 없는 경우에는 내 컴퓨터에 있는 사진을 불러와서 사용해야 합니다. [내 이미지]-[내 이미지 사용]-[내컴퓨터 파일]로 들어가 해당이미지를 선택한 후 [열기]를 클릭하면 해당 이미지가 [내 이미지] 창에 들어오게 됩니다.

다른 방법으로는 해당 이미지를 드래그해서 [내 이미지] 창에 놓으면 그대로 들어옵니다.

## 미리캔버스 디자인 다운로드

미리캔버스는 네 가지 형식으로 다운로드할 수 있는데, 이미지인 JPG, PNG, 그리고 PDF 파일과 PPT입니다.

### 1) 이미지와 PDF로 다운로드하기

먼저 JPG와 PNG의 경우 이미지 파일을 한 장씩 선택하여 다운로드하거나 혹은 한 장의 이미지로 합쳐서 다운로드 할 수 있습니다. 그리고 PDF의 경우 각 이미지를 선택하여 이미지 파일로 다운로드 할 수 있습니다. 그러나 디자인에 포함된 개별 이미지를 단독으로 가져와 내가 만든 이미지처럼 사용하는 것은 저작권에 위배되니 다운로드 시에 주의할 필요가 있습니다.

## 2) PPT로 다운로드하기

### (1) [개별요소 이미지화]로 다운로드 하기

PPT로 다운로드하는 방법은 3가지가 있습니다. 먼저 [개별요소 이미지화(권장)]로 다운로드를 받는 것입니다. 이 경우 텍스트나 사진, 일러스트 등은 모두 이미지화 됩니다. 크기나 위치 등은 수정할 수 있지만 색깔과 내용은 수정할 수 없습니다.

### (2) [텍스트 편집가능]으로 다운로드 하기

두 번째 다운로드 방법은 [텍스트 편집 가능]으로 다운로드 합니다. 모든 것이 수정 가능하지만 폰트는 다 깨지고, 이미지도 변할 수 있습니다.

### (3) [통 이미지] 로 다운로드 하기

마지막으로 통 이미지로 다운로드하는 경우 화면 전체가 하나의 이미지화되어 아예 수정이 불가능합니다. 다운로드 할 때 유의할 점을 알고 저작권 걱정 없이 사용하셨으면 좋겠습니다.

# 구글 플랫폼
# 활용하기

INTERNET

SKILLS

# 01
## 구글 프레젠테이션

## 들어가며

구글 프레젠테이션(Google Presentation)은 구글 드라이브에 포함된 온라인 프레젠테이션 프로그램입니다. 이것은 MS Office의 Powerpoint 일명 PPT를 대체할만한 구글의 문서로, 제작 방식은 파워포인트와 비슷하지만 온라인에서만 사용하기 때문에 프로그램을 따로 설치할 필요가 없습니다. 즉, 크롬 브라우저만 설치되어 있으면 브라우저에서 프레젠테이션을 만들고 공유할 수 있기 때문에 정말 편리합니다.

또한 작업 중인 파일은 구글 드라이브에 자동 저장되기 때문에 삭제될 위험이 없으며, 구글 계정을 만들고, 크롬 브라우저를 사용하면 다양한 크롬 확장 프로그램과 연동되어 더욱 효과적으로 활용할 수 있습니다. 또 다른 장점으로는 실효성 높은 공유기능을 들 수 있습니다. 온라인에서 쉽게 다른 사용자들과 자료를 공유하고 나아가 구글 드라이브와 연동하여 공동작업을 할 수 있습니다. 최근 e학습터와 같은 온라인 수업에서도 구글 프레젠테이션은 수업 자료로 자주 활용되며, 구글 사이트와도 손쉽게 연동되기 때문에 편하게 학습 자료로 탑재하여 활용할 수 있습니다.

요즘처럼 온라인 수업을 준비하면서 '어떻게 하면 학생들이 좀 더 쉽고 재미있게 학습할 수 있을까?', 그리고 '어떻게 하면 수업을 좀 더 효율적으로 준비할 수 있을까?'에 대해 고민하는 교사들에게 구글 프레젠테이션은 큰 도움을 줄 수 있으리라 생각합니다. 지금부터 실제 온라인 수업에서 어떻게 구글 프레젠테이션을 활용할 수 있는지에 대해 알아보도록 하겠습니다.

구글 프레젠테이션은 온라인 수업에서 사용하기에 매우 적절한 수업 도구입니다. 이번 챕터에서는 온라인 수업 도구로서 구글 프레젠테이션의 활용성에 초점을 맞춰 설명하도록 하겠습니다.

우선 구글 프레젠테이션의 제작의 편리성, PPT나 다른 구글 앱과의 뛰어난 연동성, 다른 사용자와의 프레젠테이션 공유 기능, 저장 및 수정의 용이성과 편리성, 그리고 온라인 수업 시 학생들 입장에서 사용의 편리성 및 유용성 등과 같이 프레젠테이션 기능과 관련된 내용들을 잘 살펴보도록 하겠습니다.

## 구글 프레젠테이션 시작하기

구글 프레젠테이션을 사용하기 위해서는 먼저 크롬에서 구글 계정으로 로그인합니다. 구글 창 오른쪽 상단에 있는 구글 앱(큐브 창)에서 프레젠테이션을 클릭해주세요. 그러면  프레젠테이션 템플릿 창이 열립니다. 그 창에서 [새 프레젠테이션 시작하기]에 있는 [내용 없음] 빈 문서를 클릭하여 빈 프레젠테이션을 열어줍니다.

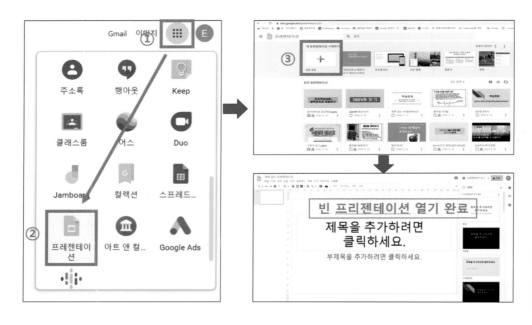

또는 구글 앱(큐브 창)에서 드라이브를 선택하여 들어갑니다. 왼쪽 상단의 드라이브 표시 바로 밑에 있는 [새로 만들기]를 클릭, 거기서 [구글 프레젠테이션]을 클릭하거나 혹은 템플릿과 빈 프레젠테이션 중에 빈 프레젠테이션을 선택하면 작업 준비 완료!!

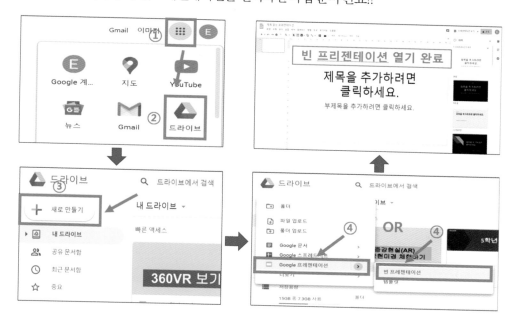

## 구글 프레젠테이션의 메뉴 알아보기

교사들이 수업에서 가장 많이 활용하는 수업도구 중의 하나는 PPT입니다. 제작이 편리하고 저장이 용이하기 때문에 많이 사용되나 프로그램을 반드시 설치해야 하고, 저장 공간이나 저장 수단이 필요하기 때문에 불편한 점 또한 있는 것도 사실입니다. 그러나 구글 프레젠테이션의 경우 웹상에서 제작하고 프레젠테이션에 그리고 드라이브에 저장되기 때문에 컴퓨터가 있는 곳이면 어느 곳에서나 사용할 수 있습니다.

지금부터 슬라이드 열기에서부터 저장하기에 이르기까지 프레젠테이션을 직접 만들면서 메뉴에 대해 차근차근 배워보도록 하겠습니다.

### 1. 프레젠테이션 제목 붙이기

먼저 슬라이드의 제목을 붙여 보겠습니다. 왼쪽 상단에 보면 [제목 없는 프레젠테이션]이란 제목 칸이 있습니다. 이 프레젠테이션 제목을 [빛의 반사]라고 붙여주세요.

## 2. 슬라이드 테마 선택하기

이제 슬라이드에 테마를 적용해 보겠습니다. 먼저 오른쪽에 있는 다양한 테마를 확인하고 원하는 테마를 클릭한 후, 제일 아래에 있는 [테마 가져오기] 버튼을 클릭합니다.

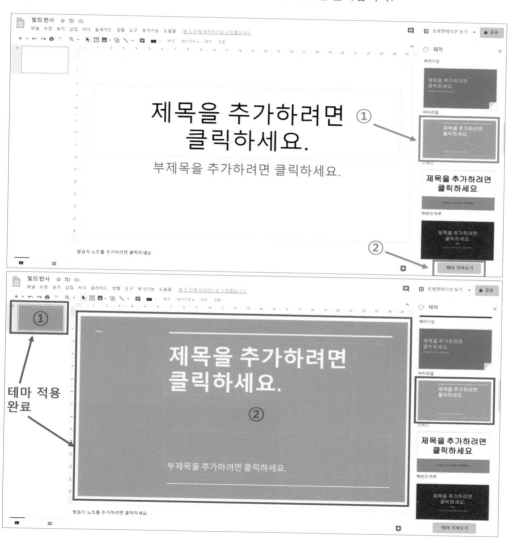

테마 적용 완료

### 3. 슬라이드 추가하기

슬라이드를 더 추가하려면 먼저 왼쪽 상단 [파일] 바로 아래에 있는(+) 버튼을 클릭합니다. 그러면 슬라이드를 추가할 수 있는데, 이때 추가되는 슬라이드는 '테마가 없는 슬라이드'입니다.

만약 앞에서 테마가 적용된 슬라이드를 사용하려면(+)버튼 옆에 있는(▼)버튼을 클릭해주세요.(▼)버튼은 '새로운 슬라이드 레이아웃' 버튼으로 동일 테마가 적용된 다양한 형태의 슬라이드가 있습니다. 내용에 따라 원하는 슬라이드를 클릭하면, 해당 테마가 적용된 슬라이드를 활용할 수 있습니다. 그리고 같은 슬라이드를 더 추가하고 싶은 경우 해당 슬라이드를 클릭하고 [Ctrl+C]와 [Ctrl+V]를 통해 복사하여 추가할 수 있습니다.

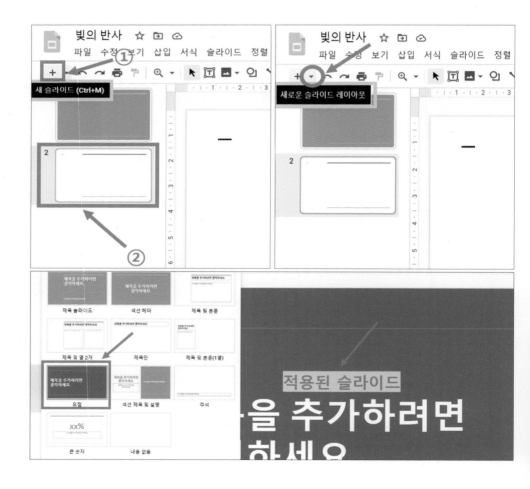

## 4. 슬라이드 배경화면 바꾸기

슬라이드 배경화면을 바꾸고 싶은 경우 먼저 해당 슬라이드에 커서를 놓고 오른쪽 마우스를 클릭하면 아래 그림처럼 [슬라이드] 메뉴가 생기고, [배경 변경]을 클릭하여 색상을 바꾸면 됩니다. 또는 메뉴바에 있는 [슬라이드]-[배경 변경]을 클릭하여 배경 색상을 바꾸어주면 슬라이드의 배경 색을 바꿀 수 있습니다.

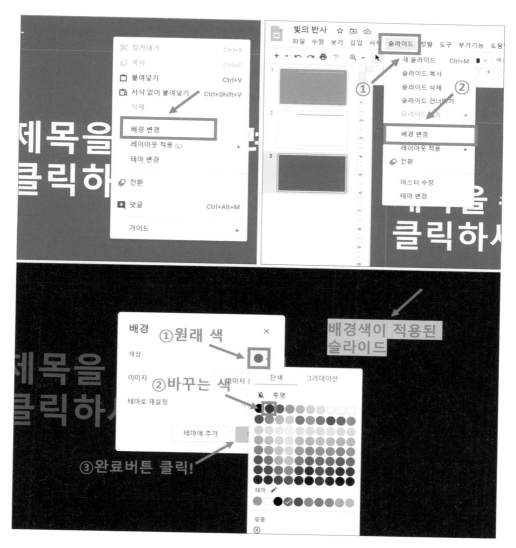

## 5. 글꼴(폰트) 더하기

글꼴은 저작권 문제와 관련되어 있어 다양한 글꼴을 사용하진 못합니다. 그러나 구글 프레젠테이션의 경우 구글에서 제공하는 폰트를 사용하기 때문에 저작권 걱정 없이 다양하게 사용할 수 있습니다. 만약 기본 프레젠테이션에서 제공되는 폰트가 마음에 들지 않는다면 [글꼴 더하기]를 해야 합니다. 먼저 메뉴바에 있는 [글꼴 박스]를 클릭하고, 맨 위에 있는 [글꼴 더하기]를 클릭해주세요. 그러면 글꼴 창이 나타납니다. 글꼴 창 위쪽에 처음 메뉴인 [문자:모든 문자]에서 [한국어]를 선택하면, 다양한 한국어 폰트가 나타납니다. 이 중에 원하는 폰트를 선택하고 확인 버튼을 누르면 [글꼴]에 내가 선택한 다양한 폰트를 저장하고 사용할 수 있습니다.

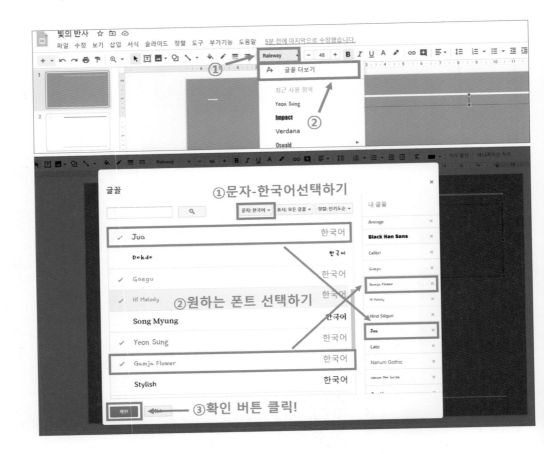

320

이제 텍스트를 적용해보겠습니다. 위에 [서식]-[텍스트]-[텍스트 메뉴]를 선택하여 내용을 써주거나 위에 있는 약식 메뉴바를 이용해주면 됩니다.

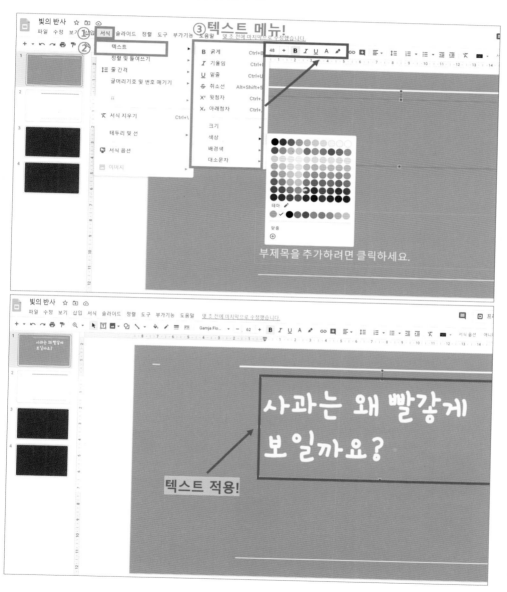

### 6. 이미지 삽입하기 및 바꾸기

구글 프레젠테이션이 가진 장점 중의 하나는 바로 '편리한 이미지 삽입'입니다. 보통 이미지를 가져올 때 내 컴퓨터나 저장 장치에 있는 이미지 파일을 활용하는 경우가 많습니다. 그러나 구글 프레젠테이션의 경우 구글 드라이브에 있는 이미지와 웹에서 검색한 이미지도 이용할 수 있기 때문에 매우 편리합니다. 그럼 이미지 삽입 방법을 알아보겠습니다.

먼저 [삽입]-[이미지]-[컴퓨터에서 업로드]를 선택합니다. 이 메뉴는 내 컴퓨터나 저장 장치에 있는 이미지를 가져와 활용할 수 있습니다.

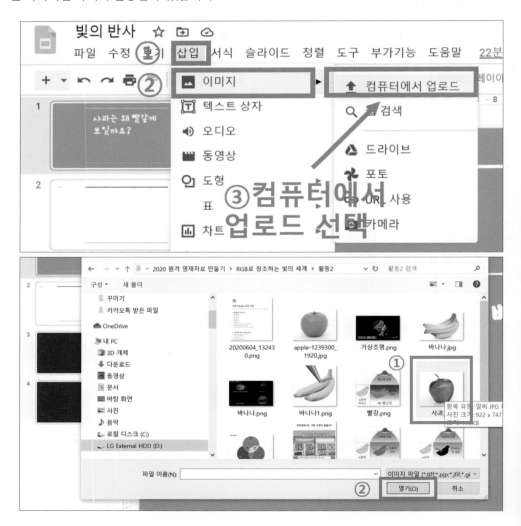

두 번째는 이미지를 내 드라이브에서 찾는 방법입니다. [삽입]-[이미지]-[드라이브]를 클릭하여 오른쪽 구글 드라이브 창을 열어주세요. 구글 계정을 가지고 있는 경우 내 드라이브에 저장된 모든 이미지를 사용할 수 있어 편리합니다.

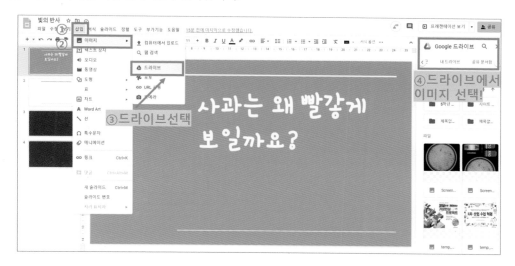

만약 원하는 이미지가 없다면 [삽입]-[이미지]-[웹 검색]를 클릭하여, 구글 이미지 검색창에서 원하는 이미지를 직접 검색하여 사용할 수 있습니다.

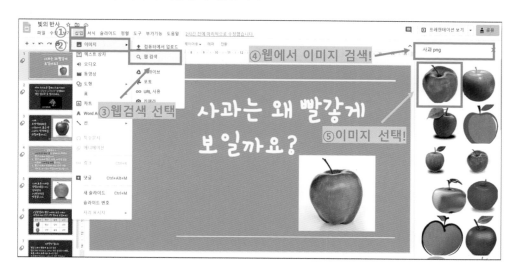

이미지의 크기 조절을 원하는 경우 이미지 외곽선의 파란색 점들을 이용하여 조절합니다.

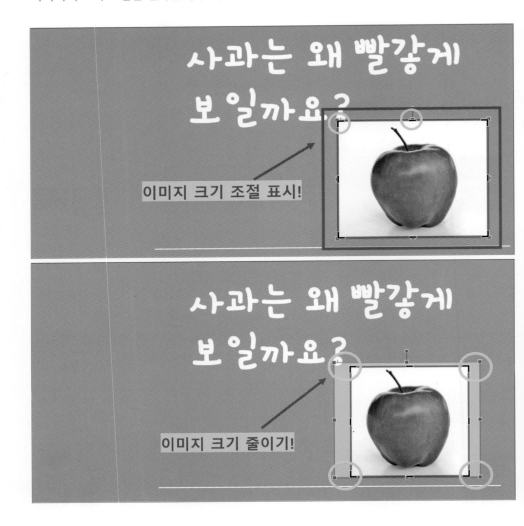

이번에는 동일 사이즈의 여러 이미지를 만들어 보겠습니다. 먼저 원하는 크기를 가진 이미지를 복사해서 붙입니다.

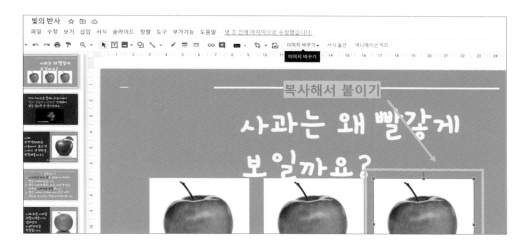

그리고 바꿀 이미지를 클릭하면 메뉴바에 [이미지 바꾸기] 상자가 생깁니다. [이미지 바꾸기]-[웹 검색]-[구글 검색창]에 들어가서 바꾸고 싶은 이미지를 검색합니다.

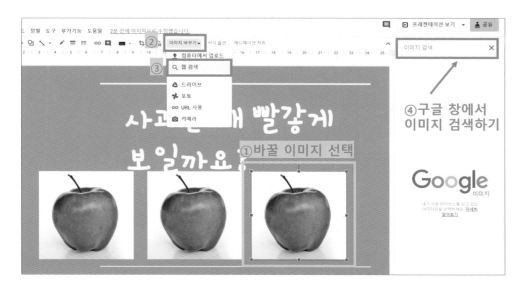

그리고 원하는 이미지를 찾았다면 [원하는 이미지]-[바꾸기] 버튼을 클릭해주세요. 그러면 원하는 위치에 새로운 이미지가 들어갑니다. 이렇게 동일 사이즈를 가진 서로 다른 이미지를 만들 수 있습니다.

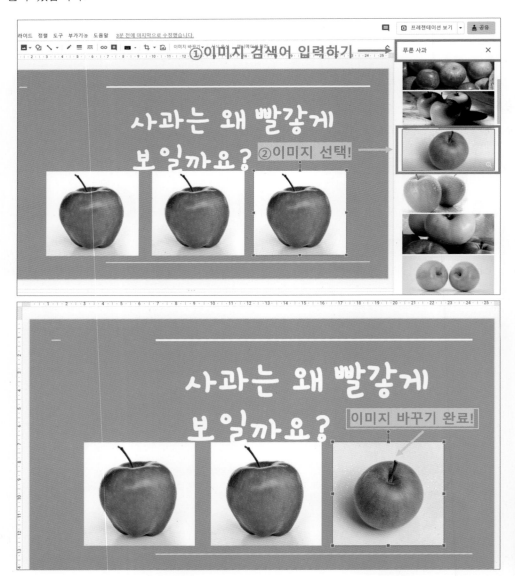

## 7. 동영상 삽입하기

온라인 수업에서 동영상은 수업의 지루함을 덜어줄 뿐만 아니라 학생들이 수업 내용을 이해하는데 있어서 도움을 주기 때문에 가장 많이 활용하는 자료입니다. 구글 프레젠테이션에서도 동영상을 많이 활용하는데, 어떻게 활용하는지 알아보겠습니다.

[삽입]-[동영상]을 클릭하면 [동영상 삽입 창]이 열리는데, 동영상을 가져오는 방법에는 [유튜브 검색], [주소 링크], [구글 드라이브]가 있습니다.

우선 유튜브 검색을 통해 동영상을 가져오는 방법을 알아보겠습니다. 유튜브 검색 창에서 검색하여 원하는 동영상을 클릭, [선택] 버튼을 누르면 동영상이 바로 내 프레젠테이션에 들어옵니다. 온라인 수업에서 유튜브 동영상을 많이 활용한다는 점을 고려할 때 정말 쓸모있는 기능이라고 생각합니다.

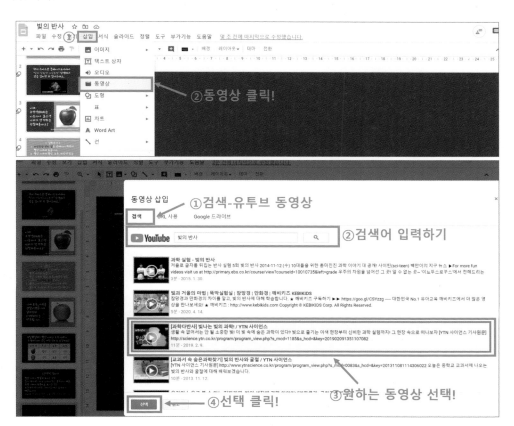

그런데 수업과 관련된 유튜브 동영상을 가져오다보면 때때로 동영상이 너무 길어 수업에 방해가 되는 경우가 있습니다. 필요 없는 부분의 동영상을 삭제하거나 편집하면 좋겠지만 저작권에 위배되기 때문에 동영상을 넣을 것인지 아니면 뺄 것인지에 대해 고민을 하게 됩니다.

그러나 구글 프레젠테이션에는 내가 원하는 부분만의 동영상만을 재생할 수 있는 기능이 있어 매우 편리합니다. 동영상의 서식 옵션에 보면 화면 바로 밑에 시작 시간과 종료 시간을 적을 수 있는 시간 창이 있습니다. 이 창에 재생을 원하는 시작 시간과 종료 시간을 적으면 실제 온라인 수업에서는 지정된 부분만 재생하게 됩니다.

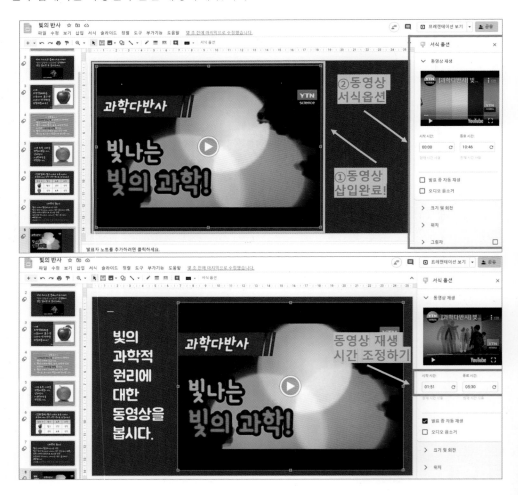

두 번째로 구글 드라이브에서 동영상을 가져오도록 하겠습니다. 이 과정은 약간 복잡해 보이지만 내가 가지고 있는 동영상을 사용할 때 유용합니다. 동영상을 가져오기 전에 우선 내가 가지고 있는 동영상 파일을 먼저 내 드라이브에 저장합니다. 해당 동영상 파일을 드래그해서 내 드라이브 창에 놓으면 저장됩니다.

이제 공유기능을 설정해 보겠습니다. 내 드라이브 창에서 저장된 동영상을 선택하고, 오른쪽 위에 있는 공유 버튼을 클릭해주면 공유 창이 뜹니다. [링크 보기]를 클릭하여 [링크가 있는 모든 사용자에게 공유] 및 완료 버튼을 누르면 공유 설정이 완료됩니다. 그 밖에 공유 사용자 및 편집 권한에 대한 설정은 바로 뒤에 있는 '구글 프레젠테이션 공유하기'에서 자세히 배우도록 하겠습니다. 이처럼 드라이브에 있는 영상을 사용하려면 공유설정이 필요하며 공유를 설정하지 않은 동영상은 다른 사람이 볼 수 없습니다.

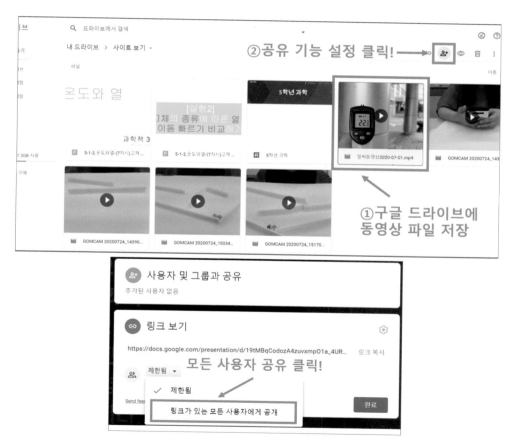

공유 설정이 끝났으면 동영상을 삽입해보겠습니다. [삽입]-[동영상]-[구글 드라이브]-[내 드라이브]에서 원하는 동영상을 클릭, 선택을 눌러주면 동영상 가져오기가 완료됩니다. 서식 옵션에서 크기와 시간을 조절하면 동영상 삽입이 끝납니다.

## 구글 프레젠테이션 저장하기

이번에는 구글 프레젠테이션을 저장하는 방법에 대해 알아보겠습니다. 구글 프레젠테이션의 장점 중 하나는 작업 도중 꺼져도 이제까지 한 작업이 내 드라이브나 프레젠테이션에 자동저장된다는 것입니다. 다른 문서 파일 작업을 하다보면 중간에 날아갈까 걱정되어 중간중간 계속 저장 버튼을 클릭합니다. 그러나 프레젠테이션의 경우 자동저장되므로 걱정할 필요가 없으며, 잘못 실행된 경우 왼쪽 상단 메뉴바에 있는 되돌리기 버튼을 클릭하시면 됩니다.

그럼 구글 프레젠테이션을 여러 형식으로 저장해보겠습니다. 왼쪽 위에 있는 [파일]-[다운로드]를 클릭하면 다양한 저장 방법을 볼 수 있습니다. 각각의 슬라이드를 JPEG, PNG와 같은 이미지 파일이나 PDF, ODP와 같은 문서 파일로, 그리고 PPT 파일 등으로 저장할 수 있습니다. 이미지 파일로 저장한 경우 구글 사이트에서 이미지 캐러셀을 만들 때 사용하며 옆으로 넘기는 슬라이드를 만들 수 있습니다. 그리고 PPT 파일로 저장하는 경우 이미지, 텍스트, 도형 등이 깨진 상태로 저장되어 편집이 필요할 수도 있지만, 저장 후 다시 수정할 수 있어서 편리합니다.

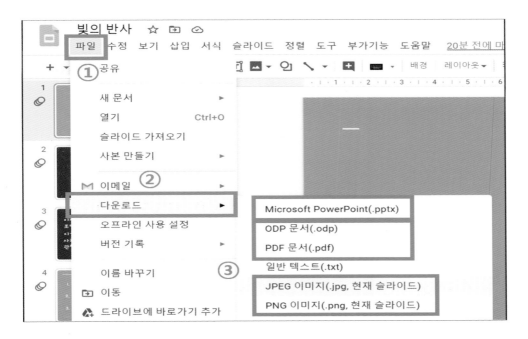

## 구글 프레젠테이션에서 PPT 불러오기

　앞에서 본 것처럼 구글 프레젠테이션은 PPT 파일로 저장 가능합니다. 그러면 구글 프레젠테이션에서 PPT 파일을 불러올 수 있을까요? 같은 프레젠테이션 도구인 만큼 PPT 파일을 구글 프레젠테이션으로 불러올 수 있습니다. 구글의 많은 앱들과 구글 사이트와의 연동성을 생각해 볼 때, 구글 프리젠에이션으로 문서 작업을 하는 것은 장점이 될 수도 있습니다.

　우선 새 프레젠테이션을 만들어야 합니다. 왼쪽 상단의 메뉴 [파일]-[새 문서]-[프레젠테이션]을 클릭합니다. 만약 기존 프레젠테이션 창에서 [슬라이드 가져오기]를 하면 원래의 문서에 PPT 슬라이드가 합쳐지게 됩니다. 이에 따라 새 프레젠테이션을 만든 후 [슬라이드 가져오기]로 PPT를 불러오는 것이 더 편하리라 생각됩니다.

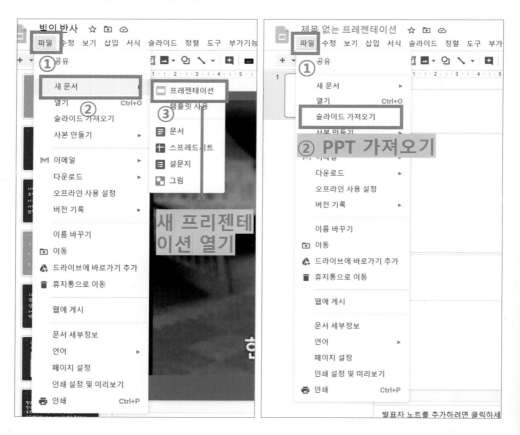

PPT를 가져오는 방법에는 두 가지가 있습니다. [슬라이드 가져오기]-[내 프레젠테이션]에서 PPT를 선택하는 방법과 [슬라이드 가져오기]-[업로드]를 클릭하여 내컴퓨터에 있는 PPT를 선택해서 가져오는 방법이 있습니다.

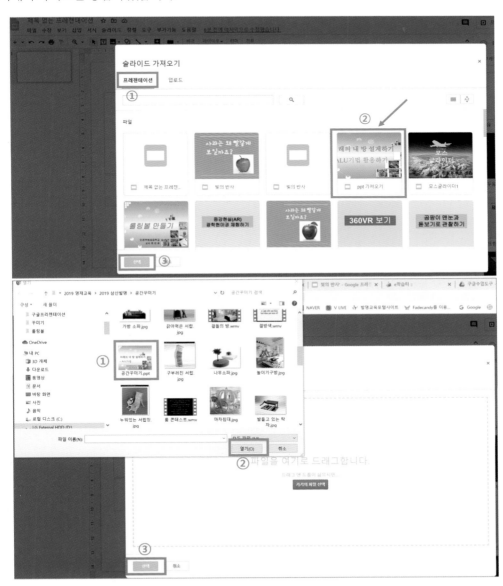

위에서 PPT를 선택하면 바로 슬라이드 창이 열립니다. 여기에는 해당 PPT의 모든 슬라이드가 있는데 이 중에 원하는 슬라이드만 선택하여 [슬라이드 가져오기] 버튼을 클릭하면 내가 원하는 PPT 슬라이드만으로 프레젠테이션을 만들 수 있습니다. 구글 프레젠테이션에서 PPT를 불러오는 경우 PPT에 포함된 이미지나 텍스트, 도형 등은 편집 작업이 필요합니다.

이제 완성된 구글 프레젠테이션을 공유하는 방법에 대해서 알아보도록 하겠습니다. 구글 프레젠테이션의 공유기능은 가장 큰 장점 중의 하나로, 굳이 내 계정이 없어도 공유할 수 있는 링크 주소만 있다면 누구나 함께 보고, 편집하고 심지어 다운로드와 복사, 인쇄까지 할 수 있는 기능입니다.

먼저 구글 프레젠테이션 오른쪽 상단의 노란색 공유 버튼( 👤 공유 )을 클릭합니다. 공유 창이 열리면 공유할 사용자 및 그룹을 추가합니다.

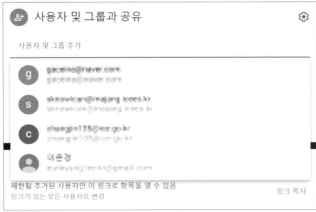

오른쪽 위에 있는 설정 버튼(⚙)을 클릭하면 다른 사용자와 공유 권한을 설정하는 창이 뜹니다. 모든 공유를 원하는 경우 둘 다 체크를 하고, 해당 자료를 '보기 권한'만 주고 나머지 편집, 다운로드, 복사 등을 원하지 않으면 둘 다 빈칸으로 놓아야 합니다. 온라인 수업에서 학생들이 다운로드 하는 것을 원하지 않는 경우 다 빈칸으로 남깁니다.

이번에는 [링크 보기]와 관련된 내용에 대해 알아보겠습니다. [링크 보기]를 클릭하면 위에는 링크 주소가 있고, 아래에는 이 링크 주소로 프레젠테이션을 볼 수 있는 대상을 정할 수 있는 부분이 있습니다. 위의 [링크 복사]를 클릭하여 이메일이나 메신저로 보내면 공유할 수 있습니다. 현재 오른쪽 그림의 경우 제한된 사용자만 링크 주소로 공유할 수 있으며, 사용자를 바꾸고 싶은 경우 [제한됨] 표시를 선택하면 됩니다.

온라인 수업에서 학생들에게 구글 프레젠테이션을 수업 자료로 올리는 경우 공유 기능은 어떻게 설정해야 할까요? 이 경우 [링크 보기]- [제한됨] 표시 클릭-[링크가 있는 모든 사용자에게 공개]를 선택합니다. e학습터와 같은 온라인 수업에 모든 학생들을 공유 대상자로 추가할 수 없기 때문에 [링크가 있는 모든 사용자에게 공유]를 선택한 후 자료를 올리면 학생들이 교사가 제공한 구글 프레젠테이션을 볼 수 있습니다.

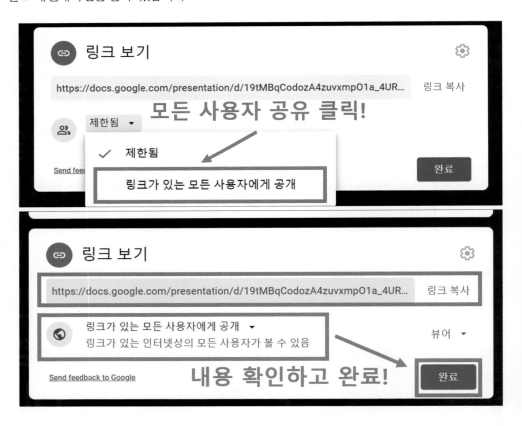

만약 이런 [공유기능]을 설정하지 않고 온라인 수업에 자료를 올릴 경우 구글 프레젠테이션이 활성화되지 않아 학생들은 볼 수 없습니다. 따라서 구글 프레젠테이션을 만드는 과정이나 완성하고 난 뒤에 꼭 공유 설정을 해야 합니다.

이제 구글 프레젠테이션을 완성했으면 웹에서 어떻게 재생되는지 확인하도록 하겠습니다. 프레젠테이션을 미리 확인해보지 않고 그대로 온라인에 자료를 탑재할 경우 해당 수업 창에서 확인하고 다시 돌아와 수정한 후 또 다시 온라인에 탑재하는 복잡한 과정을 거쳐야 합니다. 이에 비해 시크릿 창에서 확인하는 경우에 확인과 수정이 동일 브라우저에서 가능하게 되므로 그 과정이 매우 간편해집니다. 그럼 크롬 브라우저에서 새 탭을 열고 오른쪽 상단의 설정 버튼 클릭하여 [새 시크릿 창]을 열어주세요.

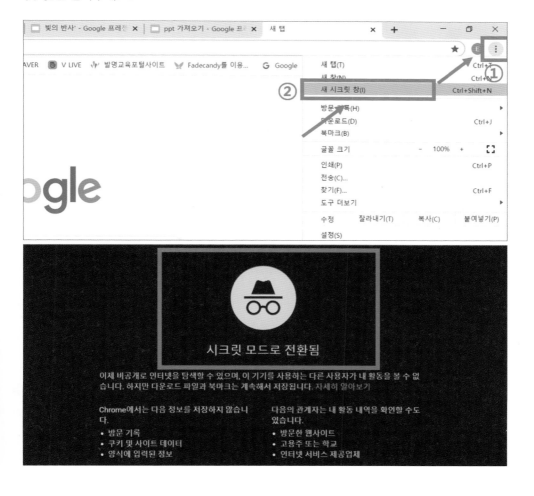

다시 구글 프레젠테이션으로 돌아가서 해당 창의 주소를 복사하여 시크릿 모드의 주소창에 붙여넣기 해주세요. 그러면 구글 프레젠테이션 화면과 똑같은 화면이 재생됩니다. 여기서 구글 프레젠테이션이 어떻게 재생되는지 확인하고 수정할 사항을 체크합니다.

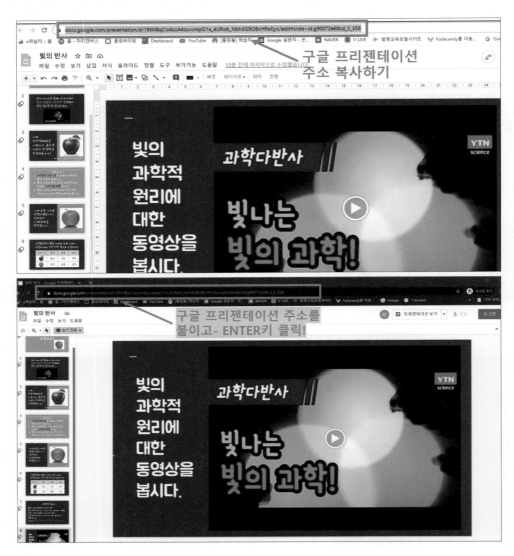

만약 학생들이 온라인 수업에서 앞의 그림을 보게 된다면 모든 슬라이드가 보이는 프레젠테이션 화면을 보게 될 것입니다. 그러면 프레젠테이션을 PPT의 〈슬라이드 쇼 보기〉처럼 전체화면으로 재생하는 방법은 없을까요? 학생들이 프레젠테이션을 전체화면으로 볼 수 있게 하는 방법이 있습니다. 그것은 프레젠테이션의 주소와 관련이 있습니다. 해당 프레젠테이션 주소 중간에 〈edit〉가 있는 경우 구글 프레젠테이션 화면 그대로 보이고, 〈edit〉를 지우고 거기에 〈present〉를 쓰면 시작 화면부터 전체화면으로 보이게 됩니다. 시크릿창에 두 가지의 주소를 넣고, 시크릿 창에서의 화면을 확인해볼까요?

마지막으로 구글 프레젠테이션을 e학습터에 올려보겠습니다. 먼저 로그인해서 e학습터에 들어갑니다. [우리 학급]-[강좌 관리]-[콘텐츠 등록]-[사용자 주제 등록]에 들어가 구글 프레젠테이션을 등록해 보겠습니다. 먼저 [제목]을 쓰고 [외부 URL]을 클릭하고 주소창에 각각 주소 중간에 〈edit〉가 있는 경우와 이를 〈present〉로 바꾼 주소를 넣어줍니다. 실제 수업화면에서는 한쪽은 모든 슬라이드가 다 보이고, 〈present〉로 바꾼 경우 한 화면만 전체화면으로 보이게 됩니다. 전체 화면으로 보이는 경우 맨 아래 슬라이드 진행 버튼을 클릭하며 공부할 수 있습니다.

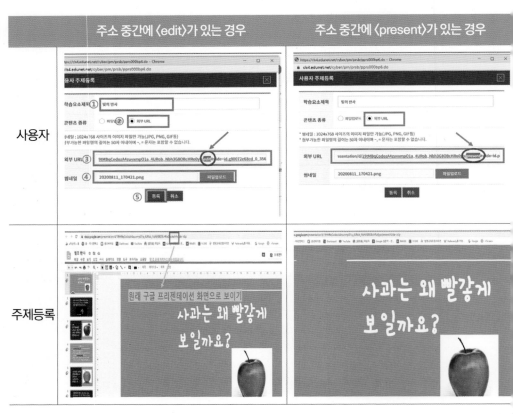

이제까지 구글 프레젠테이션 가입부터 온라인 수업에의 적용까지 살펴보았습니다. 구글 프레젠테이션의 장점과 기능을 잘 살려 앞으로의 온&오프 라인 수업에 잘 활용하길 바랍니다.

# 02

# 구글 설문지

## 들어가며

    온라인 수업을 하면서 가장 어려웠던 점 중의 하나는 학생들이 얼마나 수업을 잘 이해하고 있는지 알 수 없다는 것이었습니다. 초등학교 담임 선생님들의 경우 e학습터나 클래스팅 등에서 자신의 학급에 들어가 학생들의 학습 상황을 확인할 수 있지만 교과 전담 선생님이나 중고등학교 교과 선생님의 경우에 여러 학급을 수업해야 하므로 많은 학생들의 학습 상황을 확인하는 것은 쉽지 않은 일입니다. 이에 따라 학생들은 회원가입 없이 간단하게 온라인 학습 퀴즈를 풀 수 있고, 교사는 더 간단하게 학생들의 학습 상황을 확인할 수 있는 수업 도구를 소개하고자 합니다.

    온라인 수업 맞춤 콘텐츠라고 할 수 있는 이 수업 도구는 바로 구글 설문지입니다. 구글 설문지이기 때문에 설문지로만 활용된다고 생각할 수 있겠지만 우리는 구글 설문지를 가지고 퀴즈를 만들어 보겠습니다. 구글 설문지 퀴즈는 학생들에게는 재미와 학습을, 교사들에게는 학생들의 학습 이해도를 평가할 수 있는 기회를 제공할 것입니다. 지금부터 구글 설문지 퀴즈로 간단한 온라인 콘텐츠를 만드는 방법을 알아보겠습니다.

먼저 구글 설문지를 열어보겠습니다. 크롬에서 구글 계정으로 들어가서 오른쪽 상단의 구글 앱
(큐브 창)을 클릭하여 드라이브를 선택합니다.

드라이브 창에서 왼쪽 상단에 있는 [새로 만들기]-[더보기]-[구글설문지]를 클릭하여 구글 설문
지 창으로 이동합니다.

또 다른 방법은 구글 검색창에서 '구글 설문지'로 검색하여 구글 설문지 홈으로 들어가는 것입니다. 구글 문서 창에서 [개인]-[구글 설문지로 이동하기]를 클릭합니다.

구글 설문지 홈 창으로 이동하면 다양한 템플릿을 볼 수 있습니다. 원하는 퀴즈 양식을 선택하면 퀴즈를 만들 수 있는 양식으로 이동하게 됩니다.

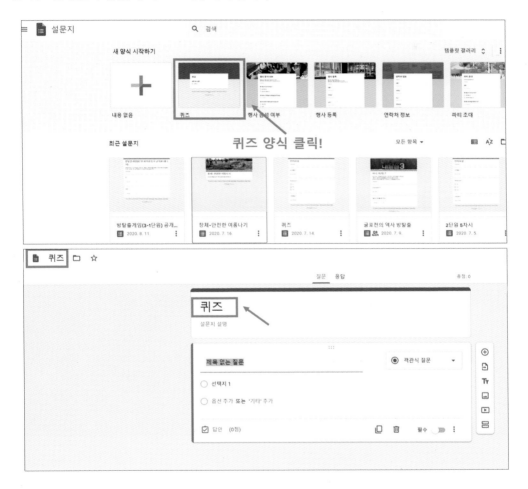

## 다양한 옵션 설정하기

구글 설문지로 퀴즈를 만들기 전에 오른쪽 상단에 있는 설정 버튼을 클릭합니다. [설정] 창에서는 응답자의 퀴즈 참여와 관련된 여러 가지 항목을 미리 설정합니다.

우선 [일반] 탭에서는 학생들이 좀 더 쉽게 퀴즈에 참여할 수 있도록 이메일 주소 수집, 로그인 필요와 같은 항목은 해제하는 것이 좋습니다. 다만 퀴즈를 틀렸을 때 다시 한 번 퀴즈를 풀어볼 수 있도록 '제출 후 수정' 항목 정도는 선택해도 좋을 것 같습니다.

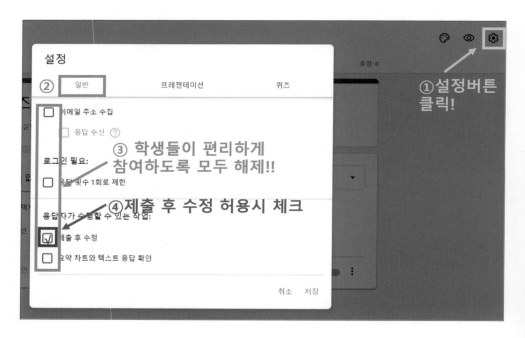

그리고 마지막 [퀴즈] 탭에서는 '퀴즈로 만들기'를 선택하고, '성적 공개' 항목에서는 '제출 후 바로 공개'를 선택합니다. 또 '응답자가 볼 수 있는 항목'에서는 〈틀린 문제〉, 〈정답〉, 〈점수〉를 모두 선택한 후 저장 버튼을 클릭해 설정을 완성합니다.

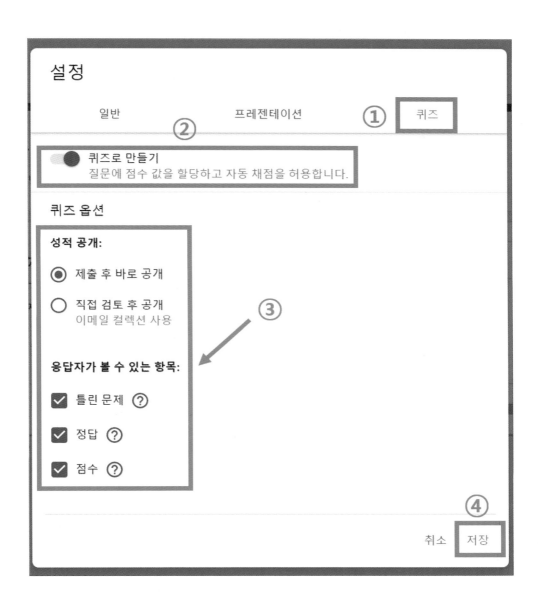

온라인 수업에서 학생들이 퀴즈를 푸는 경우 학생들의 인적 사항을 먼저 만들어 주는 것이 좋습니다. 학년, 반, 번호, 이름 같이 기본적인 사항을 하나의 섹션으로 묶어주면 학습 상황을 파악하는데 매우 좋을 뿐만 아니라 전체 혹은 반별 학생들의 학업 이해도나 수업의 난이도를 파악할 수 있어 수업을 준비하는데 중요한 자료로 활용할 수 있습니다.

### 1. 단답형 질문 만들기

먼저 해당 섹션의 제목을 적고, 바로 아래에는 제목과 관련된 간단한 설명을 적습니다. 그럼 인적 사항에 관한 질문을 만들도록 하겠습니다. 첫 번째 문항은 이름을 묻는 간단한 질문이므로 단답형 질문으로 만들겠습니다. 질문 칸 바로 옆에 [질문 유형 박스]를 클릭하고, [단답형]을 선택합니다. [단답형]을 클릭하면 질문과 답을 적을 수 있는 문항이 생성됩니다. '내 이름은?' 같은 질문을 적어줍니다.

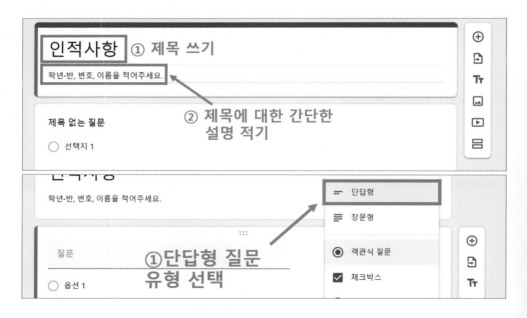

## 2. 객관식 질문 만들기

두 번째 문항은 객관식 질문으로 만들어 보겠습니다. 우선 옆의 메뉴바에서 질문 추가 버튼을 클릭하여 문항을 만든 후, [질문 유형 박스]에서 [객관식 질문]을 선택합니다. '학년과 반은?'이란 질문을 적고 선택지를 입력해주세요. 첫 번째 선택지는 [옵션1]에 입력하고, 두 번째 선택지부터는 [옵션 추가] 부분에 입력하면 계속 추가할 수 있습니다.

선택지를 다 입력하였으면 제일 밑에 있는 [필수]를 선택해줍니다. 이 [필수] 선택은 이 문항을 풀어야 다음 문항으로 이동할 수 있게 하는 버튼입니다. 인적 사항을 필수로 하는 이유는 학생들의 학습 상황을 파악할 수 이렇게 해야 어떤 학생이 퀴즈를 풀었는지 알 수 있기 때문입니다.

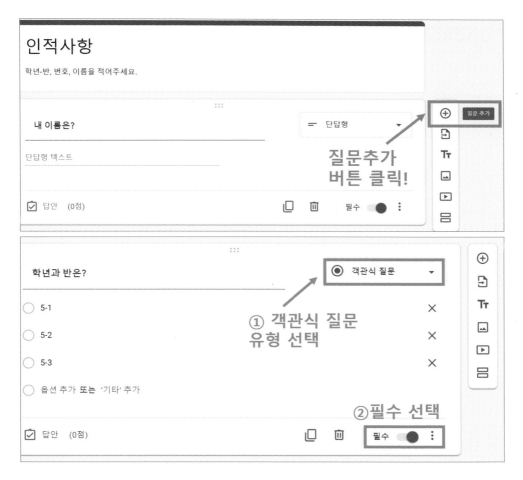

[인적 사항] 섹션이 완성된 화면으로, 같은 카테고리로 묶을 수 있는 문항들은 하나의 섹션으로 구성하면 좋습니다.

온라인 수업에서 학생들에게 수업의 재미와 흥미를 부여해주고, 교사들에게는 학생들의 학습 상황을 파악할 수 있게 만들어주는 '구글 설문지 퀴즈 만들기'를 해보겠습니다.

## 1. 퀴즈 섹션 만들기

이제 본격적으로 구글 설문지로 퀴즈를 만들어 봅시다. 앞에서의 인적 사항과는 다른 내용이므로 새로운 섹션을 만들고 퀴즈 문제를 만들어 보겠습니다.

이전 섹션의 맨 마지막 문항에서 메뉴바에 있는 섹션 추가 버튼을 클릭합니다. 그러면 마지막 문항 아래에 새로운 섹션이 생기게 됩니다. 섹션을 추가하면 학생들이 퀴즈를 풀 때 첫 번째 섹션이 끝나고 다음을 눌러야 두 번째 섹션을 진행할 수 있습니다.

## 2. 체크박스 질문 만들기

새로운 섹션에 제목과 간단한 설명을 적고 퀴즈 만들기를 시작합니다. 첫 번째 퀴즈 문항은 [체크박스] 질문 유형으로 만들겠습니다. [질문 유형 박스]에서 [체크박스]를 선택하면 선택지에 체크박스가 생깁니다. 첫 번째 질문을 쓰고, 각 선택지를 입력해주면 문항이 완성됩니다.

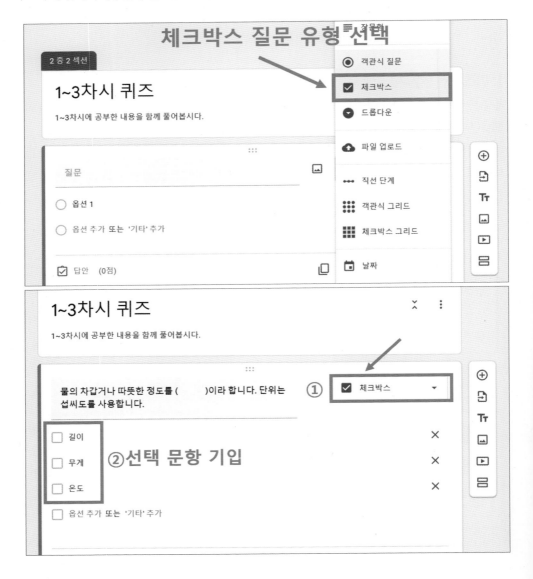

## 3. 답안 설정하기

퀴즈 문항이 완성되면 학생들이 스스로 퀴즈를 풀고 채점하면서 공부할 수 있도록 퀴즈 답안을 설정해주는 것이 필요합니다. 먼저 문항의 왼쪽 아래에 있는 [답안]을 클릭해주세요. 이것은 답안 및 점수를 설정해주는 것으로 창이 바뀌면 먼저 정답을 표시해주고 점수를 설정해줍니다.

그리고 학생들이 퀴즈를 풀고 난 후 정답과 오답에 대한 피드백을 주기 위해 선택지 바로 아래에 있는 [답변 관련 의견 추가]를 클릭해줍니다.

[의견 추가] 창에 오답과 정답에 대한 적절한 피드백을 적고 저장하면 아래 그림처럼 피드백이 추가됩니다. 내용을 확인하고 완료 버튼을 눌러 설정을 완료합니다.

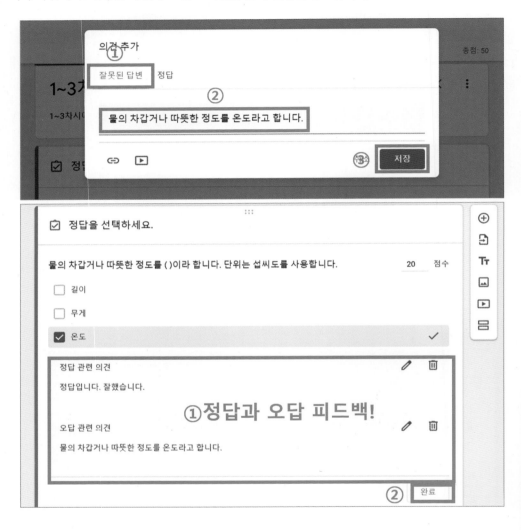

## 4. 이미지 추가하여 퀴즈 만들기

두 번째 문항은 이미지를 첨부한 퀴즈를 만들어 보겠습니다. 문항에 질문을 적고, 문항 바로 옆이나 메뉴바에 있는 이미지 버튼을 클릭합니다. [이미지 삽입] 창에 보면 이미지 삽입 방법이 여러 가지 있지만 여기서는 가장 많이 사용하는 [업로드], [구글 이미지 검색] 방법을 소개하겠습니다. 먼저 [업로드]해서 이미지를 가져오는 경우 [업로드]-[탐색]-[내컴퓨터 이미지 선택]-[열기]를 통해 이미지를 불러옵니다.

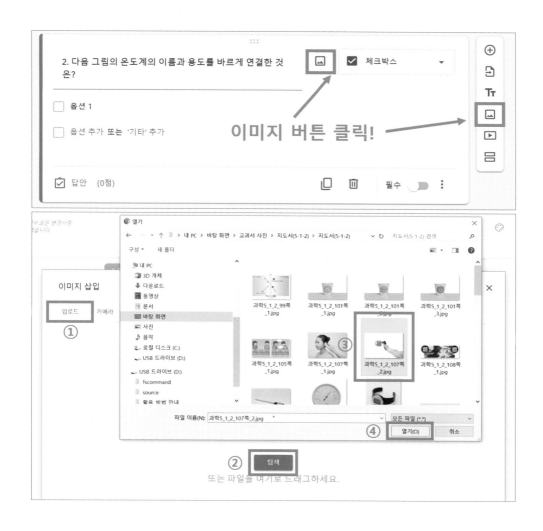

문항에 이미지를 넣게 되면 아래 그림과 같이 문항과 선택지 사이에 이미지가 들어가게 됩니다. 왼쪽 위에 있는 더보기 버튼을 클릭하면 이미지를 설정할 수도 있습니다.

이미지를 가져오는 또 다른 방법은 [구글 이미지 검색]을 활용하는 것입니다. [구글 이미지 검색]-[검색어 입력]-[원하는 이미지 선택]-[삽입]을 하면 원하는 이미지를 문항에 넣을 수 있습니다.

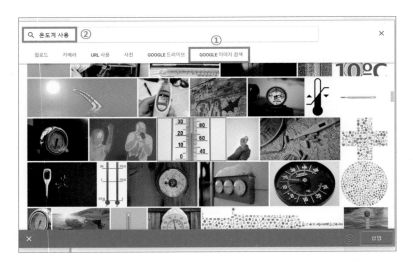

## 5. 동영상 추가하여 퀴즈 만들기

구글 설문지에 동영상을 추가하여 퀴즈를 만들 수 있습니다. 동영상 퀴즈를 많이 본 적이 없겠지만 텍스트 중심의 퀴즈 문항보다 동영상 퀴즈가 학생들의 관심을 더 많이 받습니다. 동영상을 추가하려면 문항 옆 메뉴바에서 동영상 버튼을 클릭합니다. [동영상 선택] 창에서 원하는 동영상을 클릭, 선택하면 퀴즈에 동영상이 첨부됩니다.

그러나 동영상을 추가했을 때, 이미지를 추가할 때처럼 문항과 선택지 사이에 동영상이 들어오지 않습니다. 오히려 동영상 창이 문항의 뒤에 새로 생기게 됩니다.

이로 인해 앞의 퀴즈와 뒤의 동영상이 서로 관련이 없는 것처럼 보일 수도 있습니다. 왜냐하면 보통 동영상을 넣는 퀴즈의 경우 동영상을 먼저 보고 퀴즈를 푸는 경우가 대부분이기 때문입니다. 이에 따라 동영상을 넣는 경우 서로 순서를 바꾸어서 동영상 창이 먼저 나오고 그 뒤에 퀴즈가 나오게 하는 것이 더 자연스러울 것 같습니다.

이제 퀴즈를 완성하였으면 테마와 배경의 색상도 바꾸어 보겠습니다. 오른쪽 상단에 색상 버튼을 클릭하여 원하는 테마와 배경 색상을 바꿀 수 있습니다.

온라인 수업에 퀴즈를 탑재하기 전에 미리 꼭 해야 할 작업이 있습니다. 우선 색상 버튼 옆에 미리보기 버튼을 클릭합니다. 그러면 학생들이 보는 화면과 똑같은 퀴즈 창이 열립니다. 선생님이 미리 퀴즈를 풀어보고 혹시 빠진 것이나 잘못된 것이 있는지 확인하고 수정하는 과정을 거쳐야 완성도 높은 퀴즈를 만들 수 있습니다.

인적사항

학년-반, 번호, 이름을 적어주세요.

* 필수항목

내 이름은? *

내 답변

미리보기화면을 통해
퀴즈 풀이 확인

학년과 반은? *

○ 5-1

○ 5-2

○ 5-3

내 번호는? *

내 답변

다음 섹션으로 이동

다음

## 1. 링크 주소 복사하기

e학습터나 클래스팅과 같은 온라인 수업에 구글 설문지 퀴즈를 탑재해보겠습니다. 구글 설문지 오른쪽 상단에 보내기 버튼을 클릭합니다. [설문지 보내기] 창이 열리면 먼저 [이메일 주소 편집]에 체크 표시를 해제합니다. 학생들이 로그인이나 이메일 없이 퀴즈를 풀기 위해서는 꼭 해제해야 합니다. 그리고 링크 표시를 클릭하여 링크 주소를 복사합니다.

## 2. e학습터에 구글 퀴즈 탑재하기

e학습터에 구글 설문지로 만든 퀴즈를 탑재하기 위해서는 외부 URL에 구글 설문지에서 복사했던 링크 주소를 붙여넣으면 e학습터에 탑재됩니다.

## 3. 구글 설문지 풀기

e학습터에 탑재된 퀴즈를 클릭하면 아래 그림과 같은 창이 열립니다. 먼저 인적 사항을 적고 다음을 클릭해야 퀴즈 섹션으로 이동할 수 있습니다.

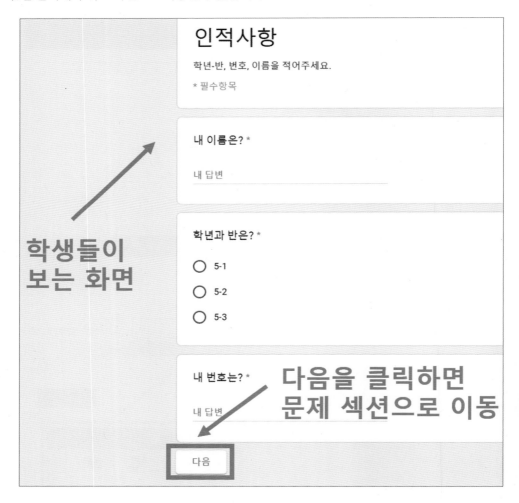

퀴즈를 다 푼 후에는 제출 버튼을 눌러 완료하고, 점수보기를 클릭하면 정답과 오답을 확인할 수 있습니다.

1~3차시에 공부한 내용을 함께 풀어봅시다.

✓ 1. 물의 차갑거나 따뜻한 정도를 ( )이라 합니다. 단위는 섭씨도를 사용합니 20/20
다.

☐ 길이

☐ 무게

☑ 온도        ✓

의견 보내기

*정답입니다. 잘했습니다.*

✓ 2. 다음 그림의 온도계의 이름과 용도를 바르게 연결한 것은?    30/30

## 1. 학습 상황 확인하기

학생들이 구글 설문지 퀴즈를 풀면 실시간으로 학생들의 퀴즈 풀이 상황을 확인할 수 있습니다. 해당 구글 설문지 창을 열면 위에 [질문] 옆에 [응답]과 숫자가 있을 것입니다. 47이란 숫자는 현재 구글 설문지 퀴즈를 푼 학생들의 숫자이며 [응답]을 클릭하면 퀴즈를 푼 학생들의 학습 결과와 통계 자료들이 여러 그래프로 표현되어 나옵니다.

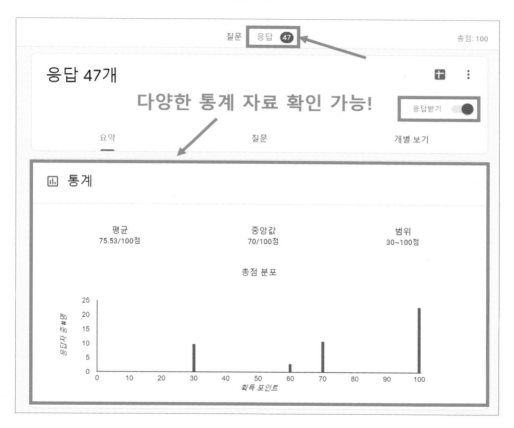

태양계 행성중 지구에서 거리가 가장 가까운 행성을 쓰시오.

응답 46개

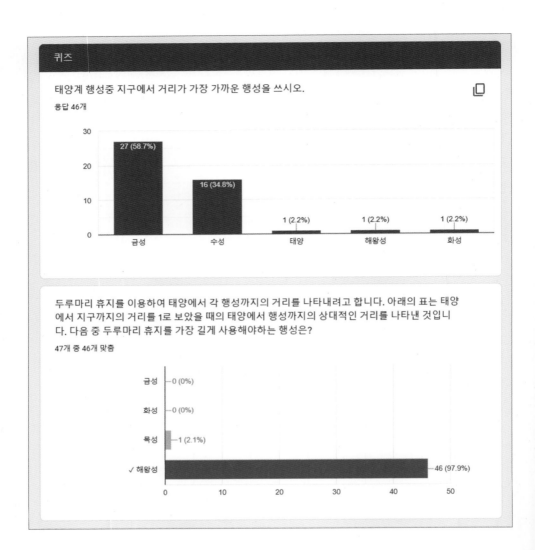

두루마리 휴지를 이용하여 태양에서 각 행성까지의 거리를 나타내려고 합니다. 아래의 표는 태양에서 지구까지의 거리를 1로 보았을 때의 태양에서 행성까지의 상대적인 거리를 나타낸 것입니다. 다음 중 두루마리 휴지를 가장 길게 사용해야하는 행성은?

47개 중 46개 맞춤

## 2. 학생들의 학습 자료 다운받기

위에서 구글 설문지 퀴즈를 통해 실시간으로 학생들의 학습 상황을 파악할 수 있었다. 이러한 학생들의 학습 결과 자료는 저장할 수도 있는데 응답란에서 오른쪽 위에 있는 스프레드시트를 클릭하여 저장할 수 있어 편리할 뿐만 아니라 유용하기도 합니다.

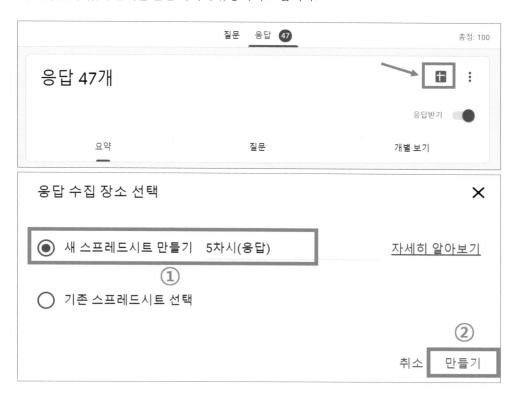

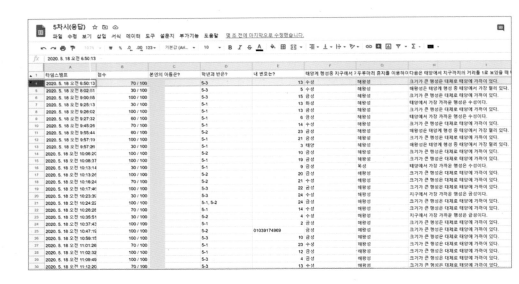

이제까지 구글 설문지로 퀴즈 만들기에 대해 배워보았습니다. 이것을 통해 알게 된 구글 설문지 퀴즈의 몇 가지 장점을 정리해보았습니다. 이러한 장점을 생각하며 많이 활용하시길 바랍니다.

1. 학생들이 퀴즈를 풀면 스프레드시트서 학년-반-번호 순으로 정렬하여 학습 참여 여부와 학습 이해 정도를 확인할 수 있습니다.
2. 동영상이나 이미지 등의 자료 활용을 통해 재미있는 수업이 될 수 있습니다
3. 학생들이 쉽게 접근할 수 있도록 하여 학습 참여도를 높일 수 있고, 점수 제공을 통해 학생들의 수업 집중도를 좀 높일 수 있습니다.
4. 구글 설문지 퀴즈 형식을 한 번 만들어 놓으면 사본 복사를 해서 내용이나 퀴즈 문제만 바꿔 가면서 쉽게 활용할 수 있습니다.

# 03

# 구글 스프레드시트

## 들어가며

구글 스프레드시트는 MS의 엑셀과 같은 기능을 하는 도구로 웹상에서 클라우드 기반으로 동작하는 실시간 공동작업용 공간입니다. 이에 따라 구글 스프레트시트의 장점은 언제 어디서나 컴퓨터만 있다면 바로 사용할 수 있다는 점과 구글 스프레드시트 문서 하나를 열어놓고 여러 사람과 문서 공유를 통해 같이 작업할 수 있다는 점입니다.

온라인 개학을 하게 되면서 서로 소통하는게 쉽지 않은 요즘 온라인 상에서 여러 사람이 하나의 문서로 함께 공동작업할 수 있다는 점은 학교생활에서 매우 유용하게 활용될 수 있는 도구라 생각됩니다. 그럼 지금부터 구글 스프레드시트를 공유하는 법에 대해서 자세히 살펴보겠습니다.

## 구글 스프레드시트 시작하기

구글 스프레드시트를 시작하기에 앞서 구글 앱 서비스는 크롬 브라우저에 최적화되어 있으므로 먼저 크롬에서 구글 계정으로 로그인합니다. 구글 창 오른쪽 상단에 구글 앱(큐브 창)을 클릭하여 [드라이브]를 선택합니다. 드라이브 바로 밑에 [새로 만들기]를 클릭하고, 구글 스프레드시트를 선택하면 새로운 스프레드시트를 만들 수 있습니다.

스프레드시트를 사용하는 방법은 엑셀의 사용방법과 거의 비슷합니다. 따라서 엑셀을 사용해 본 경험이 있다면 구글 스프레드시트의 사용이 그리 어렵진 않을 것입니다. 데이터를 입력하고 함수를 넣어 계산하는 등의 작업이나 이미지나 차트 삽입, 함수 계산 등과 같은 엑셀의 기본적 기능도 충분히 가능합니다. 그러나 엑셀과 달리 편리한 점이 있다면 자동저장 기능과 공유 기능입니다. 구글 스프레드시트는 굳이 저장 버튼을 찾지 않아도 데이터를 입력하고 커서가 떠나는 그 순간 드라이브에 바로 자동저장됩니다. 또한 웹상에서 여러 사람이 한 문서로 동시에 같이 작업할 수 있어 매우 편리합니다.

이번 주제는 구글 스프레드시트를 다룰 때 '엑셀의 대체수단'으로서가 아닌 '공유 기능'에 초점을 맞추고 있으므로, 여기서는 '구글 스프레드시트로 공유하는 법'에 대해서만 자세히 알아보도록 하겠습니다.

## 1. 구글 스프레드시트에 내용 입력하기

먼저 구글 스프레드시트에 공유에 필요한 내용을 입력해보겠습니다. 예시로 [생태 관련 도서 구입]이란 주제로 만들어 보려고 합니다. 여러 사람이 생태 관련 도서를 구입하려 하는 경우 한 파일에 자기가 원하는 도서 관련 내용을 동시에 스프레드시트에 적어 구입 리스트를 완성하는 작업입니다.

왼쪽 상단에 [제목 없는 스프레드시트] 부분을 클릭하여 제목을 적습니다. 그리고 각 열에 필요한 내용을 써주면 공유할 수 있는 자료가 완성되었습니다.

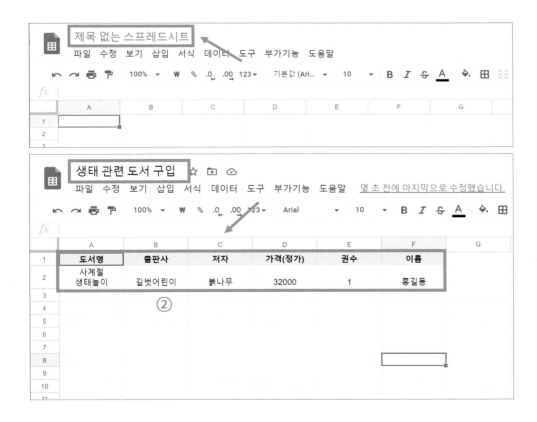

## 2. 공유 기능 설정하기

구글 스프레드시트 공유하는 방법은 두 가지가 있습니다. 우선 이메일 주소를 아는 경우의 공유하는 방법을 알아보도록 하겠습니다.

구글 스프레드시트의 왼쪽 상단의 [파일]-[공유]를 클릭하여 공유 설정 창을 열거나 혹은 왼쪽 상단의 녹색 [공유] 버튼을 클릭하여 공유 설정 창을 열어놓습니다.

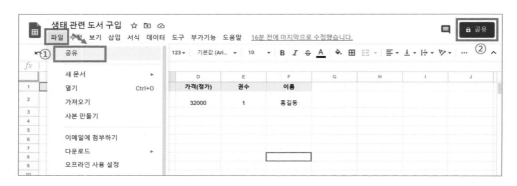

공유 설정 창이 열리면 오른쪽에 있는 공유 설정 버튼( ⚙ )을 먼저 클릭합니다. 다른 공유자와의 설정을 미리 지정하는 것인데, 보통의 경우 편집자의 권한과 뷰어 및 댓글 작성자의 권한이 다 체크되어 있으므로 원하지 않는 권한의 경우 체크 표시를 해제하면 됩니다. 우리는 모두 다 체크 표시합니다.

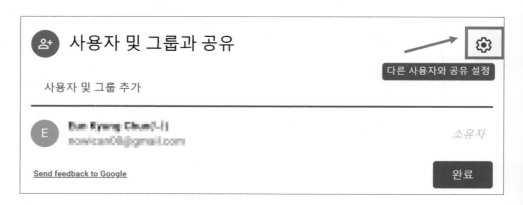

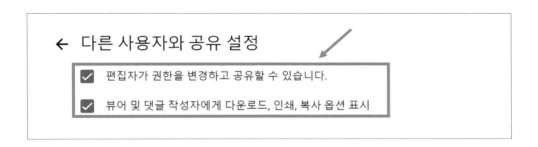

권한을 설정하였으면 이번에는 [사용자 및 그룹과 공유]-[사용자 및 그룹 추가]를 클릭해 보겠습니다. 여기서는 공유 사용자들의 이메일을 직접 입력하거나 저장된 이메일 주소를 클릭하여 추가할 수 있습니다. 원하는 공유 사용자를 선택합니다. 이 때 가능하면 구글 계정으로 이메일을 입력하는 것이 좋습니다.

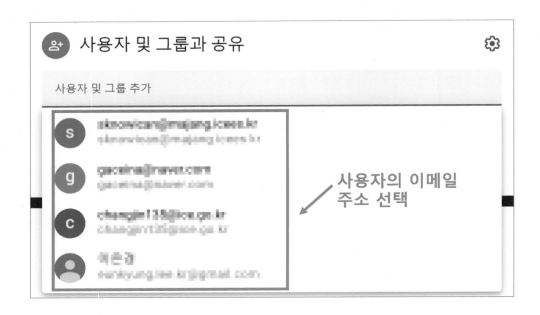

사용자의 이메일
주소 선택

공유 사용자를 선택하면 왼쪽 창에 권한을 부여할 수 있는 작은 창이 뜨는데 [편집자]로 되어 있는지 확인합니다. 그 다음 과정으로 [이메일 알림 보내기]를 체크한 채로 [보내기] 버튼을 클릭합니다. 그러면 추가된 사용자를 확인할 수 있습니다.

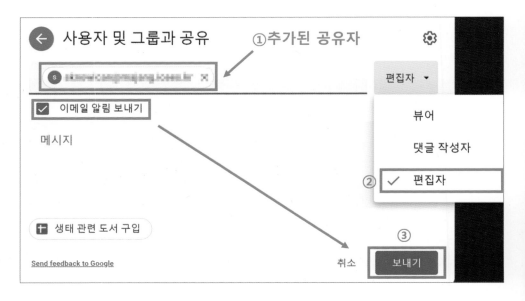

새로 추가된 사용자 입장에서는 다른 사용자의 이메일 주소로 공동 참여자로 초대하는 내용의 메일을 받게 됩니다. 이처럼 초대를 받은 사람은 메일이나 링크를 통해서 확인할 수 있으며, 이를 통해 접근하면 공동 작업이 가능해집니다.

초대 시에는 앞에서 제시한 것과 마찬가지로 권한도 미리 설정할 수 있으며, 보는 용도나 댓글까지만 입력하도록 할 수도 있고, 편집까지 가능한 권한을 줄 수도 있습니다.

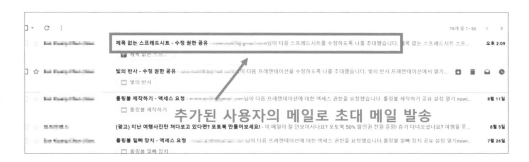

## 3. 구글 스프레드시트 공유하기

구글 계정이 없는 경우 링크 주소 가지고 구글 스프레드시트 공동작업에 참여할 수 있습니다. 먼저 공유 설정 창에서 [링크 보기]를 클릭합니다. 그러면 링크 보기 창에 기본적으로 [제한됨]이 표시되어 있을 겁니다. 이것은 추가된 사용자만 이 링크로 항목을 열수 있음을 의미하는 것으로 '공유 사용자 추가 없이' 스프레드시트에 접근하고 싶은 경우에는 [제한됨] 버튼을 클릭합니다.

링크 주소를 가지고 있는 모든 사람이 구글 프레젠테이션에 접근하기 위해서는 [링크가 있는 모든 사용자에게 공개]를 클릭합니다. 그리고나서 편집자로서의 권한을 부여하려면 오른쪽 [뷰어]라고 표시되어 있는 것을 [편집자]로 바꾸면 문서를 수정 및 편집할 수 있습니다.

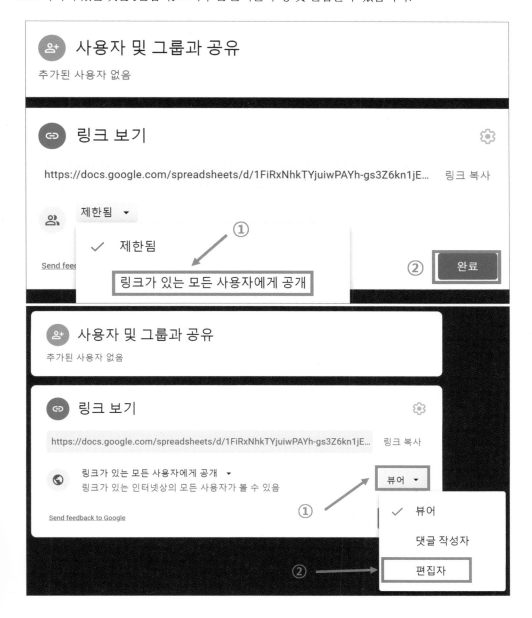

그리고 부여된 권한을 확인하고 [링크 복사]를 클릭, 이메일이나 메신저로 보내면 링크 주소로 해당 스프레드시트로 들어가 쉽게 공동작업을 할 수 있습니다.

생태 관련 도서 구입

| | A | B | C | D | E | F | G |
|---|---|---|---|---|---|---|---|
| 1 | 도서명 | 출판사 | 저자 | 가격(정가) | 권수 | 이름 | |
| 2 | 사계절 생태놀이 | 길벗어린이 | 붉나무 | 32000 | 1 | 홍길동 | |
| 3 | 현미경으로 본 커[ | 보림 | 다미앙 라베둔트오 | 22000 | 1 | 수잔 | |
| 4 | 관찰은 나의 힘 | 지성사 | 임권일 | 20000 | 3 | 샐리 | |
| 5 | 갯벌 나들이 도감 | 보리 | 보리 | 12000 | 1 | 김수선 | |
| 6 | 식물의 책 | 책 읽는 수요일 | 이소영 | 15000 | 1 | 최진우 | |
| 7 | | | | | | | |
| 8 | | | | | | | |
| 9 | | | | | | | |
| 10 | | | 여러 명이서 원하는 | | | | |
| 11 | | | 도서 써 넣기 | | | | |
| 12 | | | | | | | |

앞서 말했듯이 구글 문서를 공유하는 이유는 바로 공동작업 때문입니다. 이미 참여한 사람이 누구인지 알 수 있고, 입력 중이라면 셀 움직임이나 내용도 실시간으로 변하는 것을 살펴볼 수 있습니다. 또한 입력된 구글 스프레드시트는 내보내기를 통해 이메일로 전송한다거나 엑셀이나 PDF 등의 파일로 편리하게 저장할 수 있습니다.

이제까지 구글 스프레드시트를 공유하는 방법에 대해서 간략하게 알아보았습니다. 웹 기반이라는 환경적인 요인 때문에 단점도 분명 존재하겠지만 언제 어디서나 기기에 상관없이 쓸 수 있다는 것과 협업 시에 활용도가 높다는 것은 구글 스프레드시트의 가장 큰 장점이라 할 수 있습니다. 협업의 상황이나 혹은 개인적으로도 유용하게 사용할 수 있으니 상황에 맞게 사용해보시기 바랍니다.

# 구글 사이트 도구

# 04

## 들어가며

2020년 COVID-19로 인해 갑작스럽게 온라인, 원격교육이 시작했을 때는 모두가 막막했습니다. 하지만 학교가자.com을 시작으로 많은 선생님들께서 원격교육에 서로 도움을 주고자 학습 자료를 제작해서 공유해 주셨습니다.

학습 자료가 담긴 홈페이지를 어떻게 제작할 수 있었을까요? 홈페이지를 제작하는 것은 쉽지 않은 일일 텐데 선생님들께서 어떻게 이런 일을 할 수 있었을까요? 해답은 구글 사이트 도구였습니다. 이 도구를 이용한다면 누구나 어렵지 않게 홈페이지를 제작할 수 있습니다.

홈페이지를 제작하기에 앞서 선생님들께 구글 사이트로 제작한 홈페이지 중 몇 가지를 소개하겠습니다. 학교가자.com과 우리반.com은 원격수업에 도움이 될 수 있도록 학년별, 교과별로 다양한 자료를 제공하는 사이트입니다. 온라인 영재는 원격학습으로 영재학습을 할 수 있고 킹수학은 수학연산 학습을 체계적으로 할 수 있도록 돕는 사이트입니다. 놀이 수업, 인공지능학습, 음악교육, 체육교육, 수학교육, 과학교육 등 다양한 주제로 선생님들이 함께 홈페이지를 제작하고 공유하고 있습니다.

학교가자.com-온라인 학습터

우리반.com-온라인 학습 자료 제공

온라인 영재[1]-자기주도적 원격 영재학습

킹수학[2]-기초연산을 위한 진단 및 학습지 제공

　　구글 사이트의 특징은 기기에 맞게 콘텐츠가 자동으로 최적화되어 표시되는 것입니다. 데스크톱, 태블릿, 휴대기기에서 보기 좋도록 홈페이지의 내용을 자동으로 최적화합니다. 프로그래밍 또는 디자인 기술이 없이도 홈페이지를 만들 수 있습니다. 사이트 도구를 사용하면 유튜브, 구글 드라이브의 자료, 구글 문서, 지도, 캘린더까지 구글의 모든 콘텐츠에 쉽게 액세스할 수 있는 홈페이지를 간편하게 제작할 수 있습니다.

1) http://bit.ly/온라인영재
2) https://sites.구글.com/view/11mathtest

## 구글 사이트 연동 도구

| 이미지 | 컴퓨터에 있는 이미지를 업로드할 수 있을 뿐 아니라 구글의 이미지를 검색하여 선택하거나 URL을 바로 붙여 삽입할 수 있습니다. |
|---|---|
| 구글 드라이브 | 구글 드라이브에 있는 각종 자료를 바로 삽입할 수 있습니다. |
| 유튜브 | 유튜브 영상을 검색하거나 URL로 삽입할 수 있습니다. |
| 구글 문서, 프레젠테이션, 스프래드시트 | 구글 문서, 프레젠테이션, 스프래드시트로 작성한 것들을 사이트에 삽입하여 새로운 웹 페이지를 열지 않고 홈페이지에서 곧바로 확인할 수 있습니다. |
| 지도, 캘린터, 설문지 | 구글지도, 자신의 일정, 구글 설문을 홈페이지에 삽입하여 활용할 수 있습니다. |

구글 사이트를 활용해서 수업자료를 정리하거나 전문적 학습공동체의 연구 내용을 모아서 훌륭한 자료를 제작할 수도 있습니다. 또한, 개인의 관심사를 정리하거나 학생 또는 학부모에게 안내할 중요 사항들을 정리할 수도 있습니다.

동요세상[3]–어린이 동요

공부하자.com[4]–미래교육, 진로교육 자료 제공

3) https://bit.ly/동요세상
4) https://sites.google.com/ssem.re.kr/csit

### 1. 구글 사이트 도구 접속

홈페이지를 제작을 시작하기 위해 구글 사이트 도구를 실행하는 데에는 2가지 방법이 있습니다. 구글 사이트 도구(https://sites.google.com/)에 직접 접속하여 홈페이지를 제작하는 방법과 구글 드라이브를 활용하는 것입니다. 사실 어떤 방법으로 접속하든 같은 도구로 홈페이지를 제작할 수 있습니다. 평소 구글을 많이 사용해 왔던 사용자들은 구글 드라이브에 접속해서 홈페이지를 직접 만드는 것을 추천해 드립니다.

1) 구글 사이트 도구 사용하기

구글 사이트 도구를 사용하기 위해서는 구글이나 G-Suite에 먼저 로그인이 되어있어야 합니다. 구글 드라이브의 새로 만들기 메뉴에서 더 보기를 선택하면 구글 사이트 도구라는 메뉴를 찾을 수 있습니다. 이것을 클릭하면 구글 사이트 도구가 실행되면서 홈페이지를 제작할 수 있게 됩니다.

2) 구글 사이트 도구 주제와 제목 설정하기

구글 사이트 도구를 실행시키면 빈 화면에 "내 페이지 제목"이라는 문구가 표시됩니다. 이제 구글 사이트 도구로 홈페이지 제작을 시작할 준비가 된 것입니다. 이 홈페이지는 구글 사이트 도구로 만드는 하나의 템플릿 문서와 같습니다.

홈페이지를 제작하는 일은 한 번의 구축 작업으로 끝나는 것이 아니라 지속해서 편집하는 과정을 거쳐야 합니다. 따라서 사이트의 제목이 되는 템플릿 문서의 제목을 구상하여 먼저 지정하는 것이 좋습니다.

어떤 홈페이지를 만들면 좋을까요? 4차 산업혁명 시대를 맞이하는 우리들의 관심 대상이 무엇일까 고민해 보다가, 인공지능 관련 정보와 수업자료를 담은 홈페이지를 제작해보기로 하였습니다. 독자 여러분들도 이번 장에서 각자의 인공지능 홈페이지를 만들어 보면 좋겠습니다.

우선 사이트 파일의 제목을 "인공지능"으로 하고 홈페이지의 주제 및 제목을 "인공지능 시작해보자"라고 써 봅니다. 이렇게 하면 앞으로 "인공지능"이라는 구글 사이트 문서를 찾아서 수정, 편집할 수 있습니다.

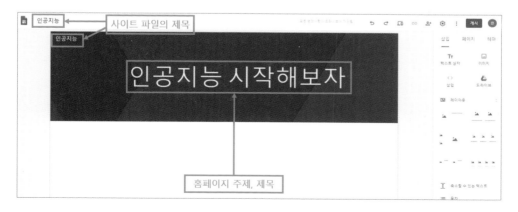

## 홈페이지 대문 디자인

이번엔 홈페이지 디자인을 주제에 맞게 변경해 보겠습니다. 홈페이지 대문에 마우스를 가져다 대면 왼쪽 아래에 '이미지 변경' 메뉴가 활성화됩니다. 이미지 변경을 선택하면 업로드와 이미지 선택이라는 하위 메뉴가 활성화됩니다. '업로드'는 컴퓨터에 저장된 이미지를 업로드하는 것입니다. 또 '이미지 선택'은 구글 사이트 도구에서 제공하고 있는 그림이나 구글에서 제공해 주는 이미지를 선택할 수 있는 기능입니다.

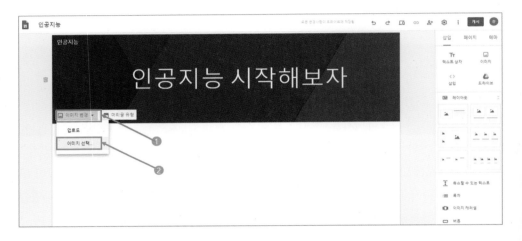

구글에는 이미지를 선택하는 방법이 5가지 있습니다. 먼저 '갤러리'에서는 구글 사이트 도구에서 제공하는 다양한 이미지를 사용할 수 있습니다. 'URL 사용'은 인터넷 이미지의 주소를 직접 입력하여 원하는 이미지를 사용할 수 있습니다. '검색' 기능에서는 구글의 이미지를 검색하여 사용할 수 있습니다. 이때 상업적 목적으로 재사용 및 수정이 가능하도록 라벨이 지정된 결과를 표시하게 됩니다. '내 앨범'에서는 구글 포토의 사진을 직접 삽입할 수 있습니다. 마지막으로 '구글 드라이브'를 선택하시면 자신의 구글 드라이브에 업로드된 사진을 배경으로 사용할 수 있습니다.

여기에서는 "검색" 메뉴에서 "인공지능"이라는 글자를 입력하여 검색한 이미지 중 하나를 선택하고 선택 버튼을 누릅니다.

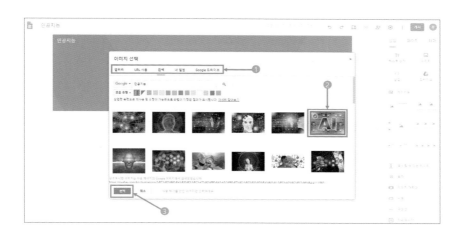

구글 사이트 도구나 인터넷에서 제공하는 이미지가 마음에 들지 않을 때는, 개인 컴퓨터에 있는 이미지를 업로드해서 사용할 수 있습니다. 이때 자신이 찍은 사진이나 디자인한 사진을 사용하면 좋습니다. 사진은 그대로 사용하기보다는 '미리캔버스[7]'와 같은 무료 디자인 도구를 사용해서 사전에 편집해서 사용하시기를 추천해 드립니다. '미리캔버스'의 무료 디자인 도구는 멋진 디자인 이미지를 만들 수 있도록 도와줍니다. '망고보드'도 많이 활용하시는 것으로 알고 있습니다. 이런 유, 무료 디자인 도구를 활용하면 가독성 높고 세련된 홈페이지 제작이 가능합니다.

7) 미리캔버스 https://www.miricanvas.com/

구글에서 제공하는 이미지로도 홈페이지 대문을 만들 수 있습니다. 개인이 제작할 때는 구글 사이트가 제공하는 템플릿의 사이즈에 맞춰 이미지를 제작해 사용하면 더 좋습니다. 특히 사이즈가 맞지 않으면 원하는 이미지가 모두 보이지 않을 수 있습니다. 따라서 가로형으로 사이즈에 맞춰 이미지를 제작하는 것을 추천합니다. 배경 이미지를 넣으면 구글 사이트 도구가 이미지의 밝기를 자동으로 조정합니다. 이미지 조정을 원하지 않을 경우에는 '가독성을 위해 조정하기'를 클릭하여 지정된 설정을 해제할 수 있습니다.

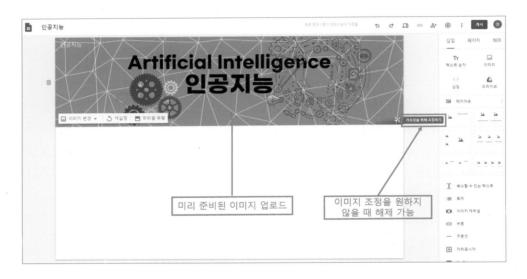

미리 준비된 이미지 업로드

이미지 조정을 원하지 않을 때 해제 가능

## 3. 레이아웃 활용하기

구글 사이트 도구에서 이미지나 동영상, 텍스트를 자유롭게 삽입할 수 있으며, 레이아웃을 미리 설정해 두면 균형 있는 배치가 가능합니다.

먼저 레이아웃에서 이미지 하나와 텍스트로 구성된 레이아웃을 ①과 같이 선택해보겠습니다. 레이아웃을 선택하면 왼쪽 편집창에 곧바로 레이아웃이 적용되는 것을 볼 수 있습니다. 이제 인공지능 관련 이미지를 삽입해보겠습니다. 먼저 인터넷에 있는 이미지를 선택하기 위해 ②처럼 이미지 선택메뉴를 클릭합니다.

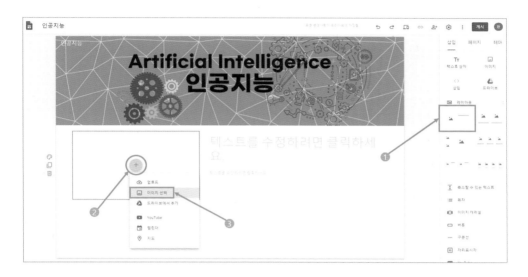

　　이미지를 선택하는 방법은 크게 3가지 입니다. 구글 드라이브에 있는 이미지를 직접 선택하는 방법, 인터넷에 있는 이미지의 URL을 복사해서 이미지의 주소로 이미지를 삽입하는 방법, 구글의 이미지를 검색하여 이미지를 삽입하는 방법이 있습니다.

　　구글의 이미지 항목을 선택하고 "인공지능"을 입력해봅니다. 인공지능과 관련해서 구글 이미지에서 이미지를 검색한 것 중에서 원하는 이미지를 선택하면 그 이미지가 구글 사이트에 삽입됩니다. 그러나 구글에서 직접 이미지를 검색한 것보다는 적게 추천될 수 있으니 원하는 이미지가 검색되지 않을 때는 구글에서 이미지를 검색하여 이미지의 URL을 복사해서 "BY URL" 항목에 이미지의 주소를 입력해서 이미지를 삽입할 수도 있습니다.

레이아웃에서 왼쪽에 이미지를 삽입하였고 이미지와 관련하여 텍스트를 삽입합니다. 텍스트는 "인공지능(AI) 알아보기"를 입력한 후 텍스트 크기를 제목으로 지정하고 그 하위에는 "인공지능은 과연 무엇일까요? 인공지능은 언제부터 시작되었을까요?"라는 텍스트를 삽입해 보았습니다. 텍스트의 크기는 5가지 크기로 설정되어 있습니다. 텍스트마다 사용자가 크기를 지정하면서 원하는 대로 편집할 수 있습니다.

구글 사이트 도구는 6가지 테마를 적용할 수 있습니다. 테마 메뉴를 선택하면 6가지 테마 중 1가지를 선택할 수 있습니다. 각 테마 별 글꼴 스타일과 색상도 선택할 수 있습니다. 템플릿 형태로 제시되어 간단히 적용할 수 있는 특징이 있습니다.

레이아웃을 적용한 것도 사용자가 편리하게 수정할 수 있습니다. 이미지와 텍스트가 있는 레이아웃을 적용한 후 이미지를 선택해서 텍스트 오른쪽으로 끌어오면 이미지와 텍스트의 위치가 변경될 수 있습니다. 적절한 텍스트를 크기에 맞추어 쓰고 이번에는 이미지 대신 동영상을 삽입해봅니다. 이미지 그림이 표시되어 있는 곳의 +를 클릭하면 이미지뿐만 아니라 유튜브, 캘린더, 지도 등도 선택할 수 있는 메뉴가 활성화됩니다. 유튜브의 동영상을 선택해봅니다.

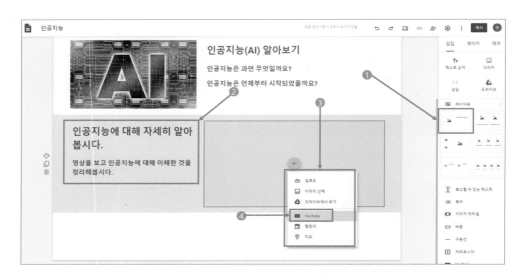

유튜브 영상을 직접 검색해서 삽입할 수 있습니다. "세계 최초로 코로나 바이러스를 예측한 인공지능"이라는 인공지능 무빙툰을 삽입해보겠습니다. ①처럼 동영상 검색을 누르고, 제목을 검색한 후 동영상을 클릭하면 왼쪽 하단에 선택메뉴가 활성화가 됩니다. ③처럼 보이는 동영상 선택하면 구글 사이트에 손쉽게 동영상을 삽입할 수 있습니다.

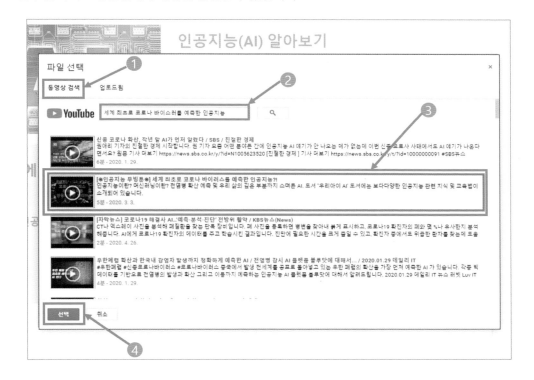

## 연동 도구 삽입하기

### 1. 버튼 삽입하기

구글 사이트의 버튼 삽입에 대해 살펴보겠습니다. ①의 '버튼'을 클릭하면 '삽입 버튼' 이라는 메뉴창이 활성화됩니다. 삽입할 버튼의 이름을 넣고 '버튼'과 링크되는 웹 페이지의 주소를 넣어줍니다.

여기에서는 학생들이 인공지능에 대한 영상을 보고 작성할 수 있는 학습지를 다운 받을 수 있도록 하려고 합니다. ①의 '버튼'을 누르고, ②의 이름에 '학습지 다운로드'라고 입력합니다. 이 때 미리 구글 드라이브에 학습지 파일을 탑재해 두는 사전 작업이 필요합니다. 구글 드라이브에서 학습지 파일 공유링크를 복사해서 '삽입 버튼'의 '링크' 부분에 복사붙이기 한 후, 아래 '삽입' 버튼을 누르면 완료됩니다. 어쩌면 단순해 보이는 '버튼'을 활용하여 홈페이지 내에서 사이트 이동, 파일 다운로드 설정 등을 다양하게 적용할 수 있습니다.

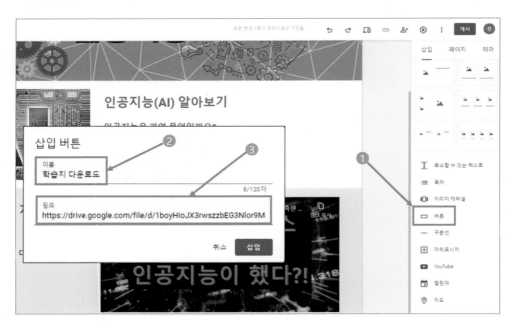

버튼 삽입 기능으로 제작한 홈페이지[7]

7) 나승빈 선생님의 365 놀이교실-https://sites.google.com/view/365everydayplays

## Tip

구글 드라이브에 미리 각종 파일(한글, PPT, 구글 문서, 구글 프레젠테이션, 구글 스프래드시트)을 탑재하면 홈페이지와 쉽게 연결하여 사용할 수 있습니다.

구글 드라이브에 있는 파일을 공유하고 싶을 때는 파일을 선택한 후 오른쪽 마우스를 누른 후에 '공유'를 선택합니다. 각 파일의 공유설정 선택 후 링크 보기에서 ②를 선택한 후 '링크가 있는 모든 사용자에게 공개'로 변경해야 보이게 됩니다.

또한, 사용자가 파일을 볼 수는 있으나 다운로드하는 것을 원하지 않을 때는 공유설정에서 ⑤의 다른 사용자와 공유설정을 선택한 후 ⑥의 뷰어 및 댓글 작성자에게 다운로드, 인쇄, 복사 옵션 표시를 해제하면 파일을 볼 수만 있게 설정을 바꿀 수도 있습니다. 구글 드라이브는 교실 수업에서 유용하게 활용할 수 있습니다.

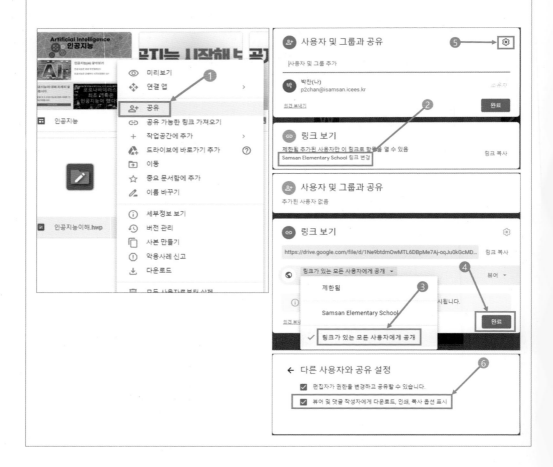

## 2. 이미지로 홈페이지 꾸미기

  구글 사이트에 원하는 이미지를 삽입하면서 홈페이지를 좀 더 가독성 있고, 세련되게 만들 수 있습니다. 이번에는 텍스트가 포함된 이미지를 직접 삽입하는 방법을 살펴보겠습니다. 레이아웃에서 ①처럼 그림 두 개와 아래에 텍스트가 있는 조합을 선택합니다. 유튜브 영상으로 구글 어시스턴트가 전화 받는 영상과 아마존 알렉사와 관련된 인공지능 비서 영상을 삽입하였습니다. 동영상의 제목을 텍스트 대신 이미지로 넣기 위해 ③의 이미지의 ④의 업로드를 선택합니다. 멋진 제목을 삽입하려면 '미리캔버스'에서 사전에 타이틀을 제작하여 이미지 상태로 업로드하면 됩니다.

  큰 이미지뿐만 아니라 작은 이미지들로 홈페이지를 편집한다면 가독성이 뛰어나고 보기 편한 홈페이지가 될 수 있습니다.

### 3. 웹 페이지 삽입하기

구글 사이트에 다른 웹 페이지를 삽입할 수 있습니다. 다른 창을 띄워서 새로운 웹 페이지를 볼 필요 없이 구글 사이트 내에서 다른 웹 페이지를 바로 연결해서 볼 수 있습니다. 학생들과 페들렛으로 인공지능에 대한 생각을 나눈 페이지를 삽입해보겠습니다. 홈페이지에서 바로 페들렛의 내용을 추가할 수도 있어서 학생들과 학습할 때 편리하게 활용할 수도 있습니다. 삽입메뉴에서 ①처럼 '〈 〉삽입'을 클릭하면 웹에서 삽입할 수 있는 창이 활성화됩니다. 삽입하고 싶은 웹 페이지의 URL을 복사해서 붙이면 두 가지 형태의 페이지를 제시합니다. 동적으로 업데이트되는 웹 페이지 전체를 삽입할 것인지, 사이트에 대한 대표 이미지와 간단한 설명이 있는 웹 페이지를 삽입할 것인지를 선택할 수 있습니다. 웹 페이지 전체를 선택해서 삽입하면 실시간으로 변화되는 웹 페이지가 삽입된 것을 볼 수 있습니다. 웹 페이지의 크기도 원하는 사이즈로 변경할 수 있습니다.

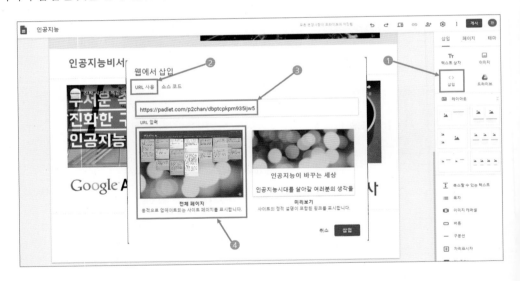

홈페이지에 외부 웹 페이지 삽입된 모습

## 4. 축소할 수 있는 텍스트

학습용 홈페이지를 구축해서 학생들에게 학습 자료를 제공할 때, 선생님들의 질문에 대한 답이 바로 보이면 학생들이 생각할 시간과 기회를 가질 수 없습니다. 이때 활용할 수 있는 것이 축소할 수 있는 텍스트 기능입니다. 텍스트 상자를 접을 수 있어서 학생들이 클릭할 때에만 축소되어 보이지 않던 텍스트가 펼쳐져서 보이게 됩니다. 삽입의 축소할 수 있는 텍스트를 선택하면 질문을 적을 수 있는 제목 부분과 답을 적을 수 있는 내용 부분으로 텍스트를 넣을 수 있는 부분이 활성화됩니다. 질문과 답을 적고 텍스트의 크기를 조절하면 축소할 수 있는 텍스트를 사용할 수 있습니다.

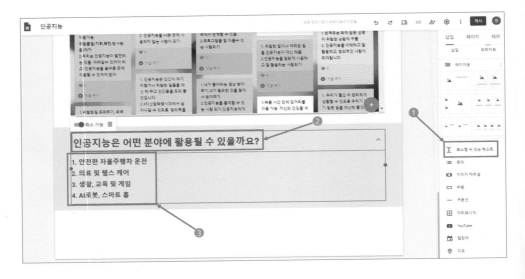

## 5. 이미지 캐러셀

캐러셀은 수하물 컨베이어 벨트 또는 회전목마라는 뜻이 있습니다. 이미지 캐러셀은 여러 장의 그림이 컨베이어 벨트로 지나가거나 회전목마가 돌아가듯이 하나의 공간에서 여러 이미지를 돌려가면서 볼 때 사용합니다. 관련된 여러 이미지를 위에서 아래로 삽입해서 스크롤로 내려가면서 보는 것보다 간단한 클릭으로 돌려가면서 보는 것이 필요할 때 사용할 수 있습니다.

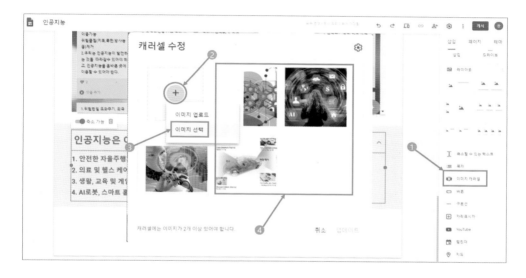

## 6. 구글 프레젠테이션

구글에서 제작한 도구이기 때문에 구글에서 제작한 문서들이 구글 사이트에 잘 접목될 수 있습니다. 구글 프레젠테이션은 구글 사이트 내에서 자동으로 슬라이드를 넘길 수도 있어서 제작한 자료를 구글 사이트 내에서 편하게 볼 수 있습니다. 미리 제작하여 구글 드라이브에 저장된 구글 프레젠테이션을 삽입해봅시다. 삽입의 프레젠테이션을 클릭하여 구글 드라이브에 저장된 프레젠테이션을 선택하여 삽입하고 프레젠테이션의 크기를 조정합니다.

## 7. 구글 설문

구글 설문으로 다양한 의견을 묻거나 퀴즈 등으로 학습에 활용하는 사례가 많습니다. 설문을 하기 위해 학생들이 별도의 구글 설문을 들어가지 않고 구글 사이트 내에서 설문하고 제출할 수 있습니다. 이 기능도 설문이 사전에 제작되어 있을 때 사용할 수 있습니다. 삽입의 설문지를 선택한 후 사전에 작성한 설문을 선택하여 구글 설문지를 삽입합니다. 설문의 크기를 조정하면 구글 설문지 탑재가 완료됩니다.

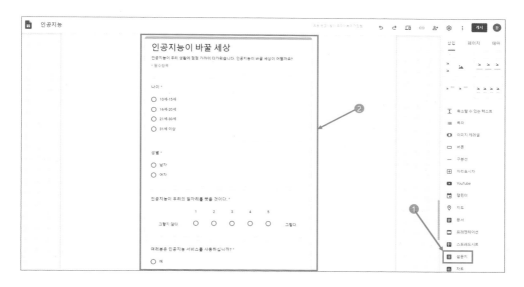

## 8. 구글 지도

홈페이지에 지도를 통해서 위치를 알려야 할 경우가 생깁니다. 이럴 때 구글 지도를 삽입하면 우리 학교나 중요한 지역에 대한 위치를 알려주기에 편리합니다. 삽입의 지도를 클릭하면 위치 입력 창이 나옵니다. 이곳에 주소나 구체적인 명칭을 입력하면 해당 위치에 대한 지도를 바로 보여주고 그 위치가 맞으면 선택하여 구글 지도를 삽입할 수 있습니다.

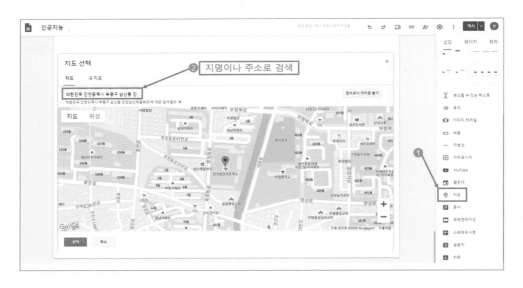

## 5. 사이트 공유하기

### 1. 페이지 추가하기

지금까지 한 페이지로 구성된 홈페이지를 제작하여 보았습니다. 그런데 홈페이지에 넣을 자료가 많고 카테고리로 분류하는 것이 필요한 경우가 있습니다. 이때, 카테고리를 만들어서 홈페이지를 제작하는 것도 가능합니다. 구축된 메인 페이지에 하위 페이지를 추가하면 손쉽게 카테고리가 구성됩니다.

'삽입'과 '테마' 사이에 있는 '페이지' 메뉴를 선택해봅니다. 현재는 '홈'이라는 곳에 제작된 메인 홈페이지가 있습니다. 하위 페이지를 추가하기 위해서는 마우스를 '홈'에 가져다 가면 오른쪽에 점 세 개의 추가메뉴가 활성화되는 것을 볼 수 있습니다. 추가메뉴를 선택하고 '하위 페이지 추가'를 선택하면 하위 페이지를 제작할 수 있습니다.

'하위 페이지 추가' 기능을 활용하여 다양하게 사이트를 확장하면, 다양한 자료에 체계적으로 접근이 가능한 사이트를 만들 수 있습니다.

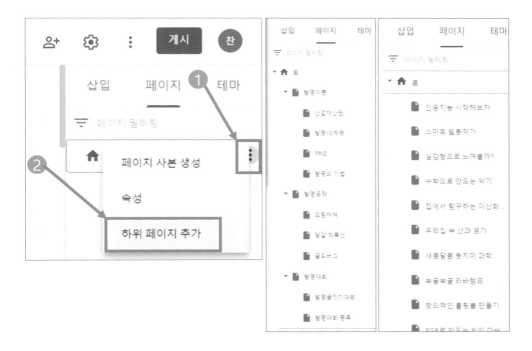

## 2. 사이트 게시하기

구글 사이트 도구로 제작한 홈페이지를 많은 사람이 접속할 수 있도록 하는 것이 게시입니다. 게시메뉴를 클릭하면 사이트의 주소 마지막 이름을 설정할 수 있습니다. 사이트의 주제와 연관되어 영어단어로 작성하는데 세 자 이상을 넣으면 사용 가능합니다. 그리고 자신이 제작한 사이트를 볼 수 있는 사용자의 공유범위를 설정해주어야 합니다. 내 사이트를 볼 수 있는 사용자 메뉴에서 관리 버튼을 누르고 '임시 제한됨'으로 되어있는 권한을 "링크가 있는 모든 사용자에게 공개"로 전환해야 모든 사람들이 접속할 수 있습니다.

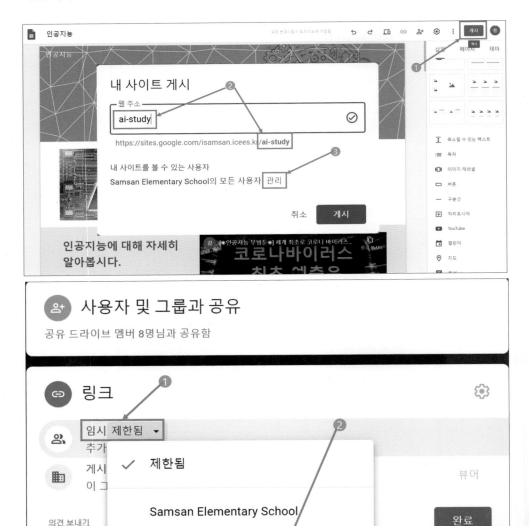

## 3. 사이트 주소 줄이기

구글로 제작한 사이트의 링크를 가져올 수 있습니다. 게시된 사이트의 복사된 링크를 공유해서 다른 사람들이 홈페이지에 접속할 수 있습니다. 그런데 이 사이트의 주소가 길어서 기억하는 것이 어려울 수 있습니다. 이럴 때는 다양한 주소줄이기 사이트를 이용해서 주소를 간단히 줄여서 사용하면 좋습니다.

Tip

<주소줄이기>

여러 사이트에서 주소를 줄이는 서비스를 제공합니다. 대표적인 것이 비틀리와 gg.gg입니다. 필자는 어린 학생들에게 긴 주소를 빠르게 접속할때 gg.gg를 많이 사용합니다.

gg.gg는 단순한 영어단어이기에 영타가 느린 어린 학생들에게 유용합니다. 변환하기를 원하는 긴 주소를 붙여넣은 후에 shorten URL을 누르면 짧은 주소가 자동으로 생성됩니다. 그러나 개인이 특별한 단어로 주소를 줄이기 원할 때는 Customize link를 클릭하고 단어를 넣으면 됩니다. 인공지능에 대한 샘플 주소를 "gg.gg/ai-20"으로 간단히 줄여보았습니다.

비틀리는 우리나라와 미국사이트가 있습니다. 우리나라 비틀리는 bitly.kr에 접속해서 변환하기를 원하는 긴 주소를 붙여넣은 후에 화살표를 누르면 간단히 짧은 주소가 자동으로 생성됩니다. 그러나 개인히 특별한 단어로 주소를 줄이기 원할 때는 아래의 별칭 주소를 먼저 클릭하여 사용자 정의 이름을 아래에 적고 화살표를 누르면 별칭 주소를 만들 수 있습니다. 인공지능에 대한 샘플 주소를 "bitly.kr/ai2020"으로 간단히 줄여보았습니다.

그런데 간혹 한글을 주소에 넣어서 사용하고 싶을 때가 있습니다. 그러면 기억하는 데 좋습니다. 이럴 때는 bitly.com에 가서 한글을 사용한 주소를 만들 수 있습니다. 회원가입을 한 후 CREATE를 변환하기를 원하는 긴 주소를 붙여넣은 후에 주소의 제목을 간단히 작성하고 "bit.ly/" 뒤에 있는 주소를 한글로 작성 후에 아래쪽의 SAVE를 눌러줍니다. 만약 이미 동일한 주소가 있다면 동일한 주소가 존재한다고 주의사항이 나오면 다른 명칭을 넣어준 후 SAVE를 선택하면 한글이 혼합된 주소를 생성해줍니다. 인공지능에 대한 샘플 주소를 "bit.ly/인공지능소개"로 간단히 줄여보았습니다.

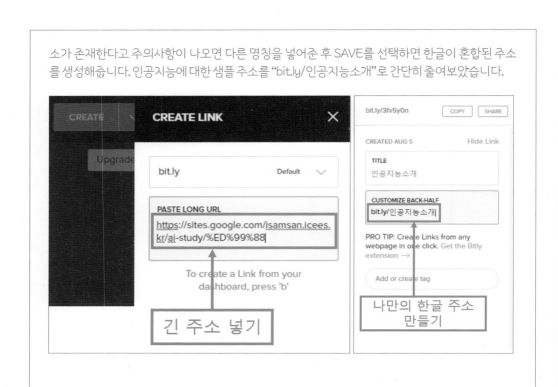

## 4. 추가 기능

구글 사이트를 제작하는 과정에서 편집한 것이 게시되면 어떤 모습일지를 계속해서 게시로 확인해보기 불편할 수 있습니다. 이런 경우에는 미리보기 기능을 사용하면 좋습니다.

하위 페이지를 만들면 사이트의 홈페이지에서 하위 페이지를 탐색하는 방법이 2가지 제공됩니다. 홈페이지의 오른쪽 위에 하위 페이지가 제시되거나 왼쪽 측면에 하위 페이지가 제시되는 방법이 있습니다.

또한, 사이트를 개인이 혼자 제작하는 것이 아니라 여러 사람이 함께 공동작업을 할 수 있습니다. 전문적 학습공동체가 모여서 하나의 사이트를 구축할 때 하부 페이지를 나누어서 작업하는 것이 가능합니다. 이럴 때는 두 가지 방법으로 공동작업이 가능합니다.

첫 번째 방법은 공유 드라이브를 만들고 그 드라이브의 멤버를 추가해서 공유 드라이브 안에 작성하는 구글 사이트에 대한 공유권한을 나누어서 가질 수 있습니다. 공동 제작하는 사이트에 필요한 여러 자료를 공유 드라이브를 함께 공유하면서 제작할 때 편리합니다. 두 번째 방법은 구글 사이트 편집 파일 자체를 다른 사용자와 공유하는 방법입니다. 이렇게 편집 파일을 공유했을 경우, 공유받은 사람도 자신의 구글 드라이브의 공유 문서함에서 공유된 구글 사이트 편집이 가능합니다.

## 저자 후기

### 박찬 | 대표저자

시대가 급변하고 있습니다. 변화하지 않으면 생존할 수 없는 시대입니다. 하지만 이 ' Change'가 우리에게는 'Chance'가 될 수 있습니다. 우리가 변화에 대한 두려움만 던져버린다면 오히려 선생님들의 수업이 변화하고 발전할 수 있는 좋은 기회를 맞이하실 것입니다. 선생님들의 열정과 능력을 믿습니다. 인터스텔라에서 쿠퍼의 대사처럼 "우린 답을 찾을 것이다. 늘 그랬듯이."

### 김병석

코로나 시대를 맞이하여 교육 방법 및 교육공학에서 큰 변화를 맛보았습니다. 교육에서도 포스트 코로나 시대를 준비해야 하지 않을까요? 에듀테크는 교실 수업과는 다른 형태로 학생들에게 배움을 제공하며, 교실 수업에서의 한계를 극복할 수 있는 가능성도 찾아보는 계기가 되었습니다. 에듀테크가 교실 수업을 모두 대신할 수는 없지만, 포스트 코로나 시대를 맞이하여 교실 수업에서의 부족한 부분을 채우고, 원격 수업에서의 새로운 발돋움을 가능하게 함을 확신하였습니다.

### 전수연

학교 현장에서 처음 원격 수업이 시행되었을 때 많은 걱정이 있었지만, 헌신적으로 노력하시는 전국 여러 선생님의 열정이 있었기에 어려운 상황을 극복할 수 있었습니다. 포스트 코로나 시대를 맞아 앞으로도 에듀테크의 중요성은 더욱 커질 것입니다. 이 책을 통해 앞으로도 끊임없이 다가올 변화를 조금은 더 편안하게 맞이하실 수 있길 바랍니다.

### 전은경

교육 현장에서 지난 한 학기를 정의하자면 '혼란과 막연함'이었습니다. 그러나 이 혼란과 위기 속에서도 학교와 교사들은 새로운 도구와 기술을 활용하여 효율적인 원격 수업을 노력해 왔습니다. '에듀테크 FOR 클래스룸'는 그동안 교사들이 활용했던 다양한 수업 도구들로 구성되어 있으며, 본 책을 통해 학생들의 학습과 성장을 도울 수 있는 하나의 발판이 되었으면 좋겠습니다.

## 진성임

유태인 격언 중에 "물고기 한 마리를 잡아주면 하루를 살 수 있지만, 물고기를 잡는 법을 가르쳐 주면 평생을 먹고살 수 있다."라는 말이 있습니다. 이제는 스스로 물고기 잡는 법을 터득해 나가는 교사가 되어야 할 때입니다. 세상이 급변하고 있으며 예기치 못한 일들이 교육의 패러다임까지 순식간에 바꾸어가고 있기 때문입니다. 이 책이 교육현장에서 어떠한 새로운 도전에도 거뜬히 뛰어넘을 수 있도록 힘을 실어주는 도약판이 되기를 바랍니다. 그리고 미래를 향해 유연하게 대처하는 교사로서의 '교육 체력'을 길러줄 것이라고 기대해 봅니다.

## 정선재

COVID-19로 인한 빠른 시대의 변화로 선생님들께서도 크고 작은 어려움이 있으실 거라 생각됩니다. 이 책에 그 고민을 함께 담았습니다. 원격 수업을 도와주는 고마운 여러 가지 프로그램과 함께한다면 위기를 기회로 삼아 더 다양하고 효과적인 수업을 할 수 있을 거라 생각합니다. 이 책과 함께 즐거운 수업 만들어 가시길 바랍니다.

## 강윤진

COVID-19로 언택트(비대면) 시대가 되었습니다. 갑작스러운 변화로 학생, 선생님들 모두 힘든 시기를 보내고 있지만 에듀테크는 해당 이슈를 돌파할 효과적인 도구가 되어줄 것입니다. 코로나 상황에 한정되지 않고, 온/오프라인 수업 매체의 변화의 물결 속에서 에듀테크의 효과적인 전달력으로 아이들에게 한 발자국 다가갈 수 있기를 바랍니다.

## 변문경

이 책을 마무리하면서 블렌디드 러닝과 같은 교육 이론이 중요한 것이 아니라는 생각이 들었습니다. 결국 현장에서 수업을 계획하고, 수업 영상을 제작하고, 쌍방향으로 상호작용하며 원격 수업을 운영하는 선생님들과 교육 관계자분들께서 현재의 위기를 혁신의 기회로 바꾸고 계십니다. 선생님들께서 직접 출연하고 제작하신 동영상을 보는 학생들의 초롱초롱한 눈망울을 떠올리며 편집을 마칩니다. 어려운 시기지만 모두 건강 유의하시기를 바랍니다.

**자료 공유드라이브**

http://bit.ly/에듀테크for원격교육
http://bit.ly/에클

# 에듀테크 FOR 클래스룸

| | |
|---|---|
| **초판 1쇄 인쇄** | 2020년 8월 22일 |
| **초판 11쇄 발행** | 2022년 5월 05일 |
| **기획** | 박찬, 변문경 |
| **저자** | 박찬, 김병석, 전수연, 전은경, 진성임, 정선재, 강윤진, 변문경 |
| **디자인** | 이시은(디자인 다인) |
| **펴낸곳** | 다빈치 books |
| **등록일** | 2011년 10월 6일 |
| **주소** | 서울특별시 마포구 월드컵북로 1654 |
| **팩스** | 0504-393-5042 |
| **콘텐츠 관련 문의** | **curiomoon@naver.com** |

* 파본은 구입하신 곳에서 교환해 드립니다.